KB143518

서동진

변증법의 낮잠
적대와 정치

서동진

변증법의 낮잠
적대와 정치

꾸리에

이 도서의 국립중앙도서관 출판예정도서목록(CIP)은 서지정보유통지원시스템 홈페이지(http://seoji.nl.go.kr)와 국가자료공동목록시스템(http://www.nl.go.kr/kolisnet)에서 이용하실 수 있습니다.(CIP제어번호: CIP2014032302)

변증법의 낮잠
적대와 정치

서동진

2014년 12월 15일 초판1쇄 발행

펴낸이 강경미
펴낸곳 꾸리에북스
출판등록 2008년 8월 1일 제313-2008-000125호
주소 121-840 서울 마포구 독막로3길 28-10, 401호
전화 02-336-5032 팩스 02-336-5034
전자우편 courrierbook@naver.com

ISBN 978-89-94682-16-7

차례

프롤로그_ 지루한 행복

뜻밖의 구석에 주의를 기울이도록 하면서 상투적이고 속물스
런 (나를 포함한) 급진주의자들에게 일격을 가하고 허를 찌르
는 솜씨 면에서 조지 오웰만 한 인물도 그리 많지 않을 것이다.
「사회주의자는 행복할 수 있을까」[1]란 제목의 짧은 에세이를 들
춰봐도 그렇다. 어쩐지 이 글은 글을 쓴 시점인 1943년보다 오
늘날 더 안성맞춤인 글로 읽힌다.

　주변을 둘러보면 우리는 그 어느 때보다 '구체적인 유토피
아'를 만들자고 외치는 목소리를 듣고 있음을 눈치채게 된다.
그때 말하는 구체적인 유토피아란 지금 여기에서 찾을 수 있는
대안이라는 것에서부터 『백만 개의 조용한 혁명』이라는 어느
책 제목처럼 누구나 자신의 자리에서 시도하고 실현하는 작은
유토피아적 기획이란 것에 이르기까지 끝도 없이 다양하다. 마
을 만들기, 밥상공동체, 협동조합, 공제조합, 셰어하우스, 대안

---

1 조지 오웰, 『조지 오웰 영국식 살인의 쇠퇴』, 은행나무, 박경서, 2014.

은행 등에 이르는 '깨알 같은' 프로젝트를 가로지르는 정신을 들자면, 아마 '행복'일 것이다. 왜 오늘의 불행을 감히 거부하고 기꺼이 이룰 수 있는 '행복'을 찾지 않냐는 것이다. 감히 행복해지기를 원하는, 현실적인 이상주의자가 되자? 과연 그래도 좋은 것일까. 그런 생각이 놓치고 있는 것은 없을까.

어느 해인가 대선후보로 나섰던 진보정당의 후보가 큰 덕을 보았던 슬로건, "국민 여러분, 행복하십니까"란 말을 들었더라면, 아마 오웰은 오만상을 찌푸리며 정색했을 것이다. 「사회주의자는 행복할 수 있을까」에서 오웰은 행복을 원하는 사회주의자(물론 굳이 사회주의자가 아니어도 좋다. 자본주의가 초래하는 결과들이 달갑지 않고 그를 부정하고 싶은 사람이면 충분하다)가 된다는 것이 왜 우스꽝스러운 일인지 밝혀준다. 오웰도 말하듯이, 우리는 모두 '전쟁, 빈곤, 더러움, 질병, 좌절, 기아, 두려움, 과로, 미신 등'이 사라진 세상을 꿈꾼다. 그런 것이 사라진 세상이 우리가 바라는 세상이란 것은 틀림없는 일이다. 그렇지만 오웰이 영국의 윌리엄 모리스가 쓴 사회주의적 환상소설 『유토피아에서 온 소식』[2]이 그려내는 행복한 유토피아를 위시해 고래의 대표적인 유토피아적 환상을 되짚어 보며 말하듯이, 눈앞에 잡힐 듯 그려낸 유토피아란 것은 며칠만 지내고 나면 금

---

2 『에코토피아 뉴스』란 제목의 우리말로 번역되어 있다. 윌리엄 모리스, 『에코토피아 뉴스』, 박홍규 옮김, 필맥, 2008.

세 시시하고 따분한 것으로 돌변할 것이 뻔하다. 그 환상 속에서 모두가 잘 먹고 잘 사는 듯 보이고 TV 광고에서 볼 수 있듯 완벽한 실내에서 사는 것처럼 보이지만 이는 결국 지루하고 갑갑한 세계로 둔갑하고 만다는 것이다. '젖과 꿀이 흐르는 땅' 같은 지상낙원은 하루 이틀 살기에는 괜찮겠지만 아마 사흘째부터는 지루하고 갑갑하지 않을까. 오웰이 라블레가 묘사한 행복의 낙원, "뛰고, 춤추고, 장난치고, 백포도주와 적포도주를 마시고, 황금왕관을 세는 것 말고는 하루 종일 하는 일이 아무것도 없네."란 것을 두고 "얼마나 지루한 삶인가!"라고 개탄하듯이 말이다.

오웰은 오늘의 가난과 비참, 불의에서 벗어나는 것이 그로부터 벗어난 세상의 구체적 상태를 그려내는 일은 아니라고 꼬집는다. 그리고 이렇게 말한다.

> "유토피아를 창조한 사람들은 거의 대부분 치통 없는 세상이 행복이라고 생각하는 치통 환자들과 비슷하다. 그들은 일시적이기 때문에 소중했던 뭔가를 끝없이 영속화함으로써 완벽한 사회를 만들기를 원했다. 하지만 그것은 잘못되었다. 인류는 계속 나아가야 하고, 거대한 전략이 준비되어 있지만 자세한 예언은 우리가 관여할 일이 아니라고 말하는 것이 더 현명한 처신일 것이다."[3]

---

3 조지 오웰, 앞의 글, 287쪽.

말인즉슨 구체적인 유토피아를 그려내려 분주하게 행동하는 것, 조세, 연금, 보험, 주거, 공공교육, 가정생활 나아가 사소한 연애와 성생활이든 그런 것에 대하여 미래의 행복한 세계를 예언하려 하는 것은 글러 먹은 것이라는 것이다. 행복을 저항과 거부의 목표로 삼고 그것으로 유토피아의 자세한 내용을 꿈꾸는 것은, 부정이란 몸짓을 미래의 행복을 긍정하는 행위로 바꿔치기하여 버린다. 구체적인 유토피아라는 유혹을 지지하여야 할 평계는 수두룩할 것이다. 혁명과 같은 총체적인 전환은 불가능할 뿐 아니라 나아가 재앙을 초래할 뿐이라면 우리는 지금 여기에서 행복의 작은 유토피아를 건설하고 꿈꾸어야 하는 것 아니냐는 평계, 역사는 진보를 향해 일직선으로 나아가는 궤적을 따르는 것이 아니라 다양한 장소와 시간에서 이뤄지는 노력들의 합에 불과하다는 것, 노동자계급이 역사의 대의를 짊어지는 보편적 주체라고 가정했던 망상에서 벗어나 이제는 행복을 꿈꾸는 다양한 현장, 그곳에서 만날 수 있는 구체적인 낯을 가진 이들과 함께 대안을 발견하여야 한다는 것. 그리고 또 무엇이 있을까. 아마 이런 것 말고도 많을 것이다.

그렇지만 행복이라는 긍정적 현실은 목표가 될 수 없다. 그렇다고 해서 세상에 지상낙원을 이룩하는 것은 불가능하고 최종적인 목적을 그리는 일이란 금지되어야 하며 영원한 운동과 부정이 있을 뿐이라고 억지를 부리려는 것은 아니다. 다만 결코 행복이 목표가 될 수 없다는 것을 말하려는 것일 뿐이다. 행복이라는 정신을 통해 이뤄지는 우리 시대의 부정(否定) 아닌 부정, 그것의 백치 같은 면모를 깨닫지 않는 한, 자본주의를 넘어서는 정치란 불가능할 것이기 때문이다. 그러므로 나는 전적으로 다음과 같은 오웰의 생각을 지지한다.

> "나는 …… **사회주의의 진정한 목표가 행복이 아니라고 주장한다.** 지금까지 행복은 하나의 부산물이었고, 우리가 알고 있는 한 언제까지나 그렇게 남아있을지 모른다. **사회주의의 진정한 목표는 인류애이다.** …… 사람들은 지루한 정치투쟁으로 삶을 소모하고, 내전에서 죽임을 당하거나 게슈타포의 비밀 감옥에서 고문을 당한다. 그들이 이런 삶을 사는 이유는 중앙난방, 냉방시설, 기다란 형광등 조명을 갖춘 파라다이스를 세우기 위해서가 아니라, 인류가 서로를 속이고 죽이는 대신 서로를 사랑하는 세상을 원하기 때문일 것이다."[4]

여기에서 오웰이 행복이라는 가치 대신에 인류애라는 가치가 더 낫다고 말하는 것으로 오해하여서는 안 될 것이다. 행복보다 인류애가 더 가치 있고 중요한 것이라고 생각하며 둘의 가치를 저울질한다면 이는 말귀가 어두운 것이라 할 수밖에 없다.

---

[4] 조지 오웰, 앞의 글, 285~6쪽(강조는 인용자).

오웰은 전략과 예언을 구분하며 예언은 투쟁하는 자의 몫은 아니라고 말한다. 행복은 감각적으로 느끼고 상상할 수 있는 구체적인 삶의 상태이다. 그러니까 그것은 예언을 불러일으킨다. 예언을 위해 굳이 정치가 있어야 할 이유는 없다. 예언의 과학을 자처하는 지식들은 보험설계니 재무분석이니 하는 이름으로 온갖 변수를 고려하여 미래를 예언한다. 그들은 우리가 세계에 대하여 할 수 있는 일을 우리가 실현할 수 있는 삶의 상태의 문제로 환원한다. 의료보험이 건강이라는 행복과 죽음, 질병이라는 불행이 미래에 어떻게 나타날 것인가를 셈하듯이 말이다. 그러므로 많은 이들이 매혹당하는 아감벤의 '호모 사케르(homo sacer)'라는 음울한 초상, 생명이라는 생물학적인 삶으로 축소된 인물은 정치철학이 그려내는 이미지 속에 있지 않다. 성인 남성 암 발병률 얼마를 들먹이며 실비보험에 가입하도록 강권하는 보험 광고 속에서 우리는 행복을 예언하는 목소리를 듣는다. 불안하고 초조한 낯빛으로 보험상품을 살피는 이들보다 더 호모 사케르 같은 인물이 어디 있을까.

행복이 예언이라는 형식으로 미래와 관계를 맺지만 인류애는 그런 것이 아니다. 인류애란 이렇고 저런 것이라는 실정적(positive), 경험적, 사실적 '상태'로 축소할 수 없는 것이기 때문이다. 그것은 행복처럼 이미 알려진 구체적인 삶의 상태들이 아니다. 그것은 외려 그런 것을 만들어내기 위한 사회적 관계를 가리키는 이름이라 말할 수 있을 것이다. 그리고 그 사회적 관계란 것은 주어진 물질적, 주관적 조건을 재료 삼아 자신의 미래를 만들어내는 행위들과 그것들의 연관을 말하는 것이다.

미래는 근본적으로 예언될 수 없는 것이고 미래는 선택에 무한히 열려있을 것이다. 우리는 예언적인 그림을 그릴 수 없다. 미래를 선택하는 것은 행복한 구체적 현실을 선택하는 것이 아니라 미래를 가능하게 하는 전략을 선택하는 것에 머물 뿐이다. 그러므로 굳이 오웰이 고른 인류애라는 낱말 대신에 다른 말을 대입해도 좋을 것이다. 누군가에게 그것은 진정한 민주주의이거나 사회주의일 수도 있고 누군가에게는 평등한 세상일 수도 있으며 모두가 자유로운 세상일 수도 있고 또 누군가에는 그냥 좋은 세상일 수도 있다. 그러나 그 세상은 어떤 경우에도 행복이란 구체적 현실로 번역될 수 없다.[5] 그렇지만 서글프게도 우리는 그러한 구체적 현실을 지금 여기에 실현하려는 작은 실천들의 적극적인 긍정을 최선으로 여기는 세계에 살고 있다. 말장난 같

---

[5] 그러나 행복에 관하여 단지 그러한 주장만이 허용되는 것은 아니다. 행복의 정치를 다른 차원에서 생각할 수 있는 가능성이 없는 것은 아니기 때문이다. 한나 아렌트의 사유가 그런 예에 해당한다. 그녀는 사적인 행복에 반해 "공적인 행복"을 역설한다. 아렌트는 그리스 민주주의가 체현하고 있던 민주주의 이상을 열정적으로 옹호한다. 그녀는 어느 글에서 1950~70년대의 미국 학생운동의 성과와 한계를 따지면서 이렇게 주장한다. "제가 보기에 아주 오랜만에 처음으로 자발적인 정치운동이 일어난 것인데, 이는 단지 단순하게 선전 차원에서만 운동이 일어난 것이 아니라 **행위** 차원에서 더욱이 거의 전적으로 도덕적 동기에 기초한 행위

지만 부정(否定)을 부정하는 일이 부정 자체가 되어버렸다.

로 일어난 것입니다. …… 이 세대는 18세기에 '공적 행복'이라고 불렸던 것을 발견했는데, 이는 사람이 **공적 삶에 참여할 때 스스로 인간 경험의 한 차원을 열어 놓는 것**을 의미합니다. 이 경험 차원이란 다른 식으로는 그에게 열리지 않는 것이면서도 여하튼 완전한 '행복'의 한 부분을 구성하고 있는 것입니다."(한나 아렌트, 『공화국의 위기』, 김선욱 옮김, 한길사, 2011, 271~2쪽, 강조는 인용자.).

아렌트는 이 자리에서 그녀의 트레이드마크라 할 수 있는 '행위'란 개념을 끌어들인다. 그녀가 자신의 『혁명론』에서 인간의 실천을 분류하는 세 가지 차원 즉 노동, 작업, 행위가 각각 겨냥하는 목표를 생각하자면 노동의 목표는 쾌락일 것이고, 작업의 목표는 만족일 것이고, 행위의 목적은 보람 같은 것일지도 모른다. 그렇다면 쾌락과 만족은 사적인 행복에 해당할 것이고 보람은 공적인 행복에 가까울 것이다. 그러나 공적인 행복이란 개념은 오늘날 우리가 익숙히 알고 있는 행복이란 것과 지극히 거리가 멀며 심지어는 행복의 반대 항이라 할 수 있을 것이다. 우리에게 공적인 행복이란 말은 전연 불가능한 조합처럼 들리기 때문이다. 행복은 무조건 사적인 것이기 때문이다. 고전적인 고대 민주주의에서 보편적인 대의에 참여함으로써 자신의 덕성에 기꺼워하는 시민의 행복이란 쇼핑의 즐거움을 행복으로 아는 이들에게는 불가사의한 것일지도 모를 일이기 때문이다.

아렌트는 자본주의와 사회주의의 구분이 무의미하며 둘이 동일하게 물질적 삶을 우위로 하는 사고의 기획이라고 보는 한 오직 사적 행복만을 추구한다고 암시한다. 그녀의 시선에 자본주의나 사회주의 모두 공적인 행복이란 이상을 파괴한다. 그러나 공적 행복은 단지 현상학적으로 본 나 혹은 우리의 느낌은 아닐 것이다. 그런 점에서 노동은 행위의 타자가 아니다. 마르크스식으로 생각하자면 오직 노동하는 자인 프롤레타리아만이 행위를 실현할 수 있는 주체로서의 가능성을 갖는다. 즉 노동을 벗어나 행위로 나아가는 것이 아니라 노동과 행위는 동일한 차원에 있는 것이다. 그러므로 우리는 그녀가 자본주의인가 사회주의인가라는 대립을 부인하고 둘이 한통속이라고 비난한 것에 거리를 두지 않을 수 없다.

2014년 10월 8일 영국의 일간지 「가디언」은 독자들과 슬라보예 지젝과 나눈 웹상에서의 대화를 중계하였다. 그 자리에서 독자 가운데 한 명은 "오늘날 행복은 중요한 걸까요? 어떻게 하면 우리는 행복해질 수 있을까요? 당신이라면 어떤 방법을 제안하겠습니까"라는 물음을 던졌다. 그리고 지젝은 마치 오웰의 생각을 이어받듯이 이렇게 대꾸하였다.

"행복이란 전혀 중요하지 않다. 문제는 우리가 무엇을 원하는지 모른다는 것이다. 우리를 행복하게 만들어주는 것은 우리가 원하는 것을 얻는다는 게 아니다. 그것에 관해 꿈을 꾸는 것이다. 행복이란 기회주의자를 위해 존재한다. 그래서 나는 지극히 만족스러운 삶이란 영원한 투쟁의 삶, 특히 자신과 투쟁하는 삶이라 생각한다. …… 행복하게 지낼 양이면 쪼다로 살면 된다. 진정한 주인들이란 결코 행복하지 않다; 행복은 노예들의 범주이다."[6]

이 간단한 답변에서 지젝은 마치 오웰에게 공명하는 것같이 들리는 어투로 행복이라는 이름의 이상을 격렬하게 거부한다. 그는 행복이란 '기회주의자들'에게나 알맞은 말이고 '노예들의

---

6 http://www.theguardian.com/books/live/2014/oct/06/slavoj-zizek-webchat-absolute-recoil

범주'일 뿐이라고 사납게 단정한다. 그리고 오웰이 전략과 예언을 구분하듯 원하는 것을 얻는 것과 꿈을 꾸는 것을 구분한다. 오웰이 예언을 하는 것이 아니라 전략을 선택해야 한다고 말하는 것처럼 지젝은 원하는 것을 얻는 게 아니라 꿈을 꾸는 것을 택하여야 한다고 말한다. 이때 그가 말하는 꿈이란 주관적인 환상을 가리키는 것이 아니라 자본주의라는 끔찍한 현실에서 벗어나기 위한 부정의 몸짓 그 자체를 가리키는 것이리라.

그러나 문제는 여기에만 있지 않을 것이다. 구체적인 삶의 현실이라는 감각성의 이쪽 세계와 자유와 평등이라는 본체적인 저쪽 세계 사이에 선을 긋고 그것을 넘어서려 시도해서는 안 된다는 주장, 다시 말해 자본주의 이후의 세계는 초월적인 이상일 뿐 현실적인 계획으로 전환시키려는 순간 무모한 전체주의적 폭력으로 빠져들고 말 것이라는 비난에 대해서도 맞서야 한다. 일체의 현실적인 삶을 변화시키려는 구체적 계획을 거부하고 오직 이상으로서의 진리 자체에 충실하여야 한다는 주장 역시 많은 이들을 매료시킨다. 존재자의 세계에 한 눈을 팔지 말고 존재적인 것에 대하여 굽힘 없이 헌신하여야 한다는 주장을 듣노라면 어딘지 숭고한 울림이 느껴진다. 그러나 이 역시 행복이라는 이상에 굴복하는 것 못잖게 공허하다. 위대한 부정의 몸짓을 찬미하는 것은 쉬운 일이다. 그러나 그 부정을 통해 어떤 세상을 만들어낼 것이라는 책임을 회피하고 기꺼이 궂은일을 마다치 않을 각오로부터 도망가는 것은 졸렬한 일이다. 그러므로 우리는 두 가지의 유혹을 피해야 한다. 행복의 정치라는 긍정의 정치와 진리의 정치라는 순수한 부정의 정치, 두 가지 유혹 말이다. 이 두 가지의 유혹은 오늘날 우리가 도처에서 목격할 수 있는 정치에 관한 이론 그리고 실천을 통해 끊임없이 출현한다. 그리고 여기에 실린 글에서 나는 이 두 가지 유혹에 맞서 싸우며 자본주의를 넘어서는 정치와 그것을 궁리하기 위한 물음들을 제시하고 답하려 애쓴 시도를 기록하고자 한다.

여기에 실린 글들은 사회비평 잡지인 『말과활』의 부탁으로 몇 차례 연재를 한 글이다. 연재가 끝날 즈음 그간 쓴 글을 묶어 책으로 내자는 편집인의 말을 듣고 적잖이 당혹스러웠다. 썼던 글들이란 게 어떤 입장을 조직하기 위한 짜임새 있는 글이라거나 어떤 문제를 정밀하게 분석하는 글과는 거리가 먼 것들이었기 때문이다. 여기에 실린 글들은 부끄럽지만 스스로 답을 찾기 위해 궁리하던 물음을 복기하는, 스스로를 위한 글쓰기라 할 수 있다. 이 책에 실린 글들은 무엇보다 자신을 독자로 내세우며 쓴 글이라고 해도 지나치지 않다. 이런 글쓰기를 서구의 철학자들이나 문학이론가들은 자기교육적 글쓰기라고 부르고는 한다. 그렇게 말하면 제법 멋있게 들리기는 하다. 그러나 정작 본인이 그런 글쓰기를 통해 작성된 글을 버젓이 책으로 낸다는 것은, 터무니없고 또 떳떳지 못한 일이란 생각도 떨치기 어렵다. 그래서 낯이 뜨거웠고 가급적 책을 내는 일은 피하고 싶었다.

그러나 어찌하여 책을 내게 되었다. 그러므로 어쩌다 이런 혼란스런 물음을 스스로 떠올리며 답을 구하려 했는지 말하는 게 도리일 것이다.

먼저 80년대에 대학을 다니며 시쳇말로 "격하게"·학생운동에 참여했던 이들 가운데 적지 않은 수의 사람들이 마음에 품었던 정치란 무엇인가에 대한 확신 즉 자본주의를 넘어서는 세계에 대한 기획으로서의 정치가 있다는 믿음을 여전히 지속할 수 있는지 묻고 싶었다. 나아가 그것이 가능하며 또 필수적이기까지 하다면 오늘날 그 정치란 어떤 모습을 취하여야 할 것인가 물어보아야 할 것이라 생각했다. 여기에 실린 글은 그런 물음을 다듬어보려는 생각의 흔적을 담고 있다.

다음으로 그런 근본적인 변혁의 정치가 불가능할뿐더러 무시무시한 재앙을 초래할 뿐이라는 비판을 회피하지 않으면서 그런 의심과 불신에 대하여 대응하고 싶었다. 비판이란 것이 자신이 마주하고 있는 대상을 제거하는 것이 아니라 그 대상에 대한 새로운 사유를 생산하는 일이라면, 사회주의적 정치에 대한 비판 역시 정치에 관한 새로운 사유를 생산하는 능동적인 작용이라고 기꺼이 인정할 수 있어야 한다. 그러한 비판으로부터 생산된 정치에 관한 새로운 사고, 그것의 효과와 힘을 거짓된 이데올로기라고 부인하는 것은 멍청한 짓이다. 비판에 대한 진정한 대응은 비판을 거부하거나 비판의 의도를 의심하는 일이 아니라 다시 비판하는 일이어야 할 것이다. 그러므로 이제 우리가 비판할 차례라면 그 비판은 무엇이어야 할까. 나는 그 비판을 위한 가능성을 생각하고 싶었다.

우리는 언젠가부터 극단적인 성행위에서부터 인간복제, 나아가 안락사에 이르기까지 불과 수십 년 전이었다면 상상도 못할 것들을 기꺼이 따져봄은 물론 실현할 수 있는 것으로 간주하는 충격적 사고실험에 익숙해져 있다. 그러나 자본주의 이후의 세계를 조직하는 정치를 사고하는 일은 금지되거나 꺼림칙한 일로 간주된다. 어쩌다 이런 일이 벌어졌을까. 그런 사고와 실천을 가로막는 요인들은 무엇일까. 나는 그 역시 캐묻고 싶었다.

그러나 이런 물음들에 대하여 군이 답을 얻거나 얻으려 했던 것은 아니다. 이미 말했듯 여기에 실린 글들은 올바르게 물음을 제기하기 위하여 애쓰는 것, 그리고 그러한 물음을 구성하기 위하여 그에 선행하는 물음들을 발견하고 끼워 맞추며 그 속에 스며있는 전제들을 헤아려보는 시도의 족적이라 할 수 있다. 막상 글들을 묶어 놓고 보니 더욱 민망하다. 마치 대단한 이론가나 사상가인 양 젠체하면서 현실의 구체적 쟁점들과는 먼 곳에서 사변적인 고민만 늘어놓은 것은 아닌가 싶어 얼굴이 화끈거리기도 한다. 그저 변명이 된다면 여기에 쏟아낸 말들을 명심하며 더욱 분투하겠다는 것이다. 책으로 묶으면서 원래의 글들 가운데 뜻이 모호하거나 거칠게 서술한 부분은 모두 고치거나 다듬었다. 읽기 어렵기로 악명 높은 글들을 공들여 읽고 격려하거나 비판을 아끼지 않은 이들에게 고마움을 전한다.

선뜻 지면을 내주며 글 쓸 기회를 마련해준 문부식『말과활』 기획주간의 배려가 없었다면 아마 여기에 드러낸 생각들은 기억 속에 처박힌 채 있다 자취를 감추었을 것이다. 책임편집을 맡아 애꿎은 글을 공들여 읽고 다듬어준, 우리가 오랫동안 부르던 애칭대로 '정수 씨'에게 고맙다는 말을 당연 전해야 할 것이다. 그리고 어떻게든 출판을 미루려는 의지로 미적대며 태업한 저자를 참을성 있게 기다려주고 어떤 이유로든 책을 내어야 한다며 등을 밀어준 강경미 씨에게 인사를 전하지 않는다면, 큰 벌을 받을 것이다. 뜬금없이 머릿속을 배회하는 생각들을 뱉어내도 아무런 싫은 기색 없이 묵묵히 들어주며 맞장구를 쳐준 박진철에게도 고마움을 전한다. 글을 쓴다는 것은 언제나 무언가를 소홀히 하는 것이다. 그런 소홀함을 불평 몇 마디로 용서해준 승호에게도 고맙다 말하고 싶다.

2014년 11월

서동진

인민이여 안녕,
민주주의여 안녕

1%의
논리적 위상
-

2008년 금융위기 이후 세상은 자본주의가 벼랑 끝에 서 있는
양 야단법석을 떨었다. 이름난 경제 관련 대중매체는 앞다투어
자본주의에 결함이 이만저만 많은 것이 아니라고 후안무치하
게 대서특필하였고, 경제학자들은 효율적 시장가설이라는 신
고전학파 경제학 교설은 파산했다고 침통한 어조로 고백하였
으며, 사람들은 다시 마르크스를 읽을 시간이 왔다고 의기양양
하게 떠들어댔다. 그러는 사이 조용히 창문을 통해 빠져나간 신
자유주의는 다른 창문을 넘어 더욱 의기양양한 모습으로 되돌
아왔다. 뭐라고 말하든 현실은 현실이라는 듯이, 자본주의는 너
희들이 뭐라고 말하든 상관없이 언제나 제 갈 길을 묵묵히 걸어
가는 거역할 수 없는 자연이라는 듯이, 신자유주의는 상처 입을
것도 없고 상처받은 적도 없다고 말하는 듯하였다. 자본주의의
필연성을 가장 떳떳이 역설하는 이념으로서 신자유주의는 그
렇게 건재하게 되었다. 신자유주의는 자본주의가 초래한 위기
의 해법은 자본주의 자체에서 찾아야 한다는 것을 자본주의 스

스로 보여주지 않았냐고 빙그레 웃으며 말하는 듯 보였다. 자본
주의를 넘어서는 대안? 그것은 물론 자본주의였다.

따라서 자본주의의 위기는 신자유주의가 시련을 거쳐 더욱
굳건히 단련할 수 있는 기회를 마련해준 듯이 보인다. 재기한
자본주의는 그 어느 때보다 강하게 보이는 듯했다. 이를테면 이
런 식이었다. 시야 속에 구제금융 이후의 경제 위기와 유럽 여
러 나라를 덮친 국가부도 사태를 해결할 묘안은 오직 긴축뿐인
것처럼 보인다. 이유는 단순하다. 그것이 시장의 정상적 운영을
위해 불가피한 것이기 때문이다. 그 역시 신자유주의의 굳건한
헤게모니를 입증한다. 구제금융의 대가로 연금과 사회보장, 노
동자의 미래 소득을 볼모로 삼는 "긴축"이란 이름의 잔혹극은
유럽연합이 종내 해체되고 말 것이라는 두려움까지 낳고 있다.
신자유주의는 결국 금융자본이라는 소유자계급의 완강한 저항
과 타협을 가리키는 이름에 다름 아닌 것을 우리는 슬슬 깨닫는
중이다. 그런데 신자유주의적 금융화라는 추세에 대응하는 어
떤 이렇다 할 정치적인 상상도 찾기 어려운 것은 무슨 까닭일
까. 금융화라는 것이 새로운 모습으로 펼쳐지는 계급투쟁의 형
태가 아니라는 듯이, 금융화는 정치와는 상관없는 경제의 자기
운동을 일컫는 이름이란 듯이.

물론 위기의 시대를 향한 대응이 없었던 것은 아니다. 금융
위기를 에워싼 월스트리트를 점령하라는 시위가 이어졌다. 세
계 전역에서 뉴욕 주코티 공원에 결집한 청년들의 목소리에 화

답하듯 시위대들이 거리로 나섰다. 그리고 놀랍게도 아무런 일도 일어나지 않았다. 그것은 어쩌면 미스터리에 가깝다. 그들은 "우리가 99%이다"라고 외쳤지 않는가. 무려 99%인데, 왜 그들은 아무런 결정적인 행동을 취하지 못하는 것일까. 압도적이란 말이 아까울 정도로 절대다수인 그들이 왜 속수무책으로 1%에게 밀리고 말았을까. 양극화도 아니라 1 대 99라는 절대적인 불평등을 고발하면서, 대다수를 대표한다고 스스로 자처했던 그들은 왜 세상을 뒤흔들 무엇을 실행에 옮기지 못했을까. 나는 그 이유가 바로 그들이 어이없게도 1%를 더하지 못했다는 데 있다고 생각한다.

왜 그들은 스스로가 100%라고 주장하지 않았을까. 왜 우리가 전체라고 강변하는데 주저했을까. 왜 우리가 평등의 보편성을 주장한다고 우기지 않았을까. 아마 그들이 1%를 더하지 못한 것, 스스로를 99%가 아니라 전체, 즉 보편적인 주체라고 단언하지 못한 것이야말로 그들의 한계가 아니었을까. 그리고 그러한 1%의 부족이야말로 우리 시대의 진보 정치가 직면한 한계를 응축한다고 의심할 필요가 있지 않을까. 대다수의 사람으로서의 99%와 보편적인 해방의 주체로서의 전체, 100% 사이에는 오직 1%의 차이가 있을 것이다. 그러나 그 1%의 차이는 의미심장한 차이를 함축한다. 1%의 차이는 정치에 관한 대립적인 접근들 사이에 놓인 간극을 지시하는 것일지도 모르기 때문이다. 나는 1%에서 자유민주주의적 대의민주주의와 좌파정치를 구분하는 근본적인 차이를 발견할 수 있다고 생각한다. 또한 여기에서 민주주의 역설을 압축하고 있는 "대표"의 문제를 대면할 때, 좌파정치가 직면하는 난처함이 자리 잡고 있다고 생각한다.

두 개의
인민

-

근년 큰 관심이 쏠리고 있는 클로드 르포르 같은 프랑스 정치
학자는 정치(la politique/politics)와 정치적인 것(le politique/the
political)을 구분한 바 있다.[1] 존재와 존재자를 구분하는 하이데
거식의 관념을 다분히 연상시키는 르포르의 분류는 근대 정치
의 본질을 이해하는 데 매력적인 실마리가 되어준 바 있다. 그가
정치라고 부르는 것은 오직 주어진 현실이 세계의 전부라고 생
각하는 것, 그리고 현실에서 비롯되는 문제들을 처리하는 기술
적이고 행정적인 행위를 정치의 전부라고 생각하는 것을 가리
킨다. 이런 생각을 따를 때, 이미 주어진 세계로부터 단절된 세
계의 바깥 혹은 너머란 것을 생각하기란 어려운 일이다. 그런 가
정에 기댈 때 우리가 할 수 있는 일이라고는 그저 세계의 각 부

---

[1] Claude Lefort, *The political forms of modern society: bureaucracy, democracy, totalitarianism*, edited and introduced by John B. Thompson. Cambridge: Polity Press, 1986.

분들이 각자 자신의 이해를 대표하거나 그러한 이해의 차이에서 비롯되는 갈등과 분쟁을 조정하는 일 정도에 그칠 것이다. 결국 이런 식으로 생각할 때 이르게 될 결론은 간단하다. 정치의 유일하고 정당한 장소는 대표/대의의 장소인 의회라는 것이다. 좌파정치가 자유주의적 대의민주주의라는 유혹에 빠져든 이유도 역시 이런 것에 있을 것이다. 의회주의적 백치가 되는 것은 의회민주주의를 믿느냐 마느냐 하는 문제에 달린 것은 아니다. 또 의회 바깥의 진정한 운동, 즉 노동운동이나 사회운동을 추구할 것인가 아니면 의회로 들어갈 것이냐라는 것도 아니다. 의회주의는 의회라는 정치적 물신을 숭배하는 것이 아니라 근본적인 단절 혹은 전환이 불가능하다는 믿음에서 비롯되는 필연적인 결과일 뿐이다. 그리고 일부 사회과학자들이 1987년 체제라고 부르기도 하는 민주화 이후의 한국 정치의 무대에서, 좌파정치는 진보정당-노동조합의 양날개체제로 그리고 그 뒤에는 진보정당-시민사회의 결합이라는 해법을 제시하며 대의민주주의의 이데올로기적 환상 속으로 들어갔다.

아무튼 정치가 그런 것이라면 "정치적인 것"은 이미 주어진 세계를 우연적인 것으로 간주한다는 점에서 구분된다. 따라서 그것은 지금 우리가 전부라고 알고 있는 그 세계가 열리고 또 닫히는 계기에 주목한다. 그것은 주어진 현실과 그것에 속한 각 부분들 간의 관계로서 상상되는 세계가 아닌 세계의 가능성/불가능성이란 계기에 대응한다. 그러므로 정치적인 것이란 현실 세계의 배치를 전체적으로 전환하는 행위를 조직하고 실행하는 것이라 할 수 있다. 물론 그것에 해당되는 정치적인 용어는 혁명일 것이다. 그러나 알다시피 지난 수십 년간 혁명은 보편주의적인 열망을 헛되이 좇으며 결국에는 전체주의적 수용소군도와 비인도주의적인 테러를 초래할 뿐인 나쁜 행위로 취급받아 왔다. 그러므로 혁명이란 용어를 얼마간 유보한다면 "정치적인 것"이란 개념은, "현실 정치"라고 부르는 것과 달리, 우리가 살아가는 세계의 원리와 규칙을 새롭게 창안하는 실천으로서의 정치를 가리킨다고 볼 수 있을 것이다. 그리고 이는 근대 정치의 또 다른 이름이라고 할 민주주의를 둘러싸고 전연 다른 전망을 낳는다.

　민주주의란 근본적으로 언제나 분열되어 있다는 점을 특징으로 한다고 볼 수 있다. 먼저 첫 번째 주장이 있다. 그것은 민주주의는 분리와 구별을 모른다고 주장한다. 그것은 자신의 운명을 스스로 결정할 수 있는 권리를 가진 보편적인 주체로서의 인간-시민이란 이름만이 있다고 역설한다. 신분적 질서는 절대 동일할 수 없는 주체들의 위계적인 세계를 상상하였다. 그 세계에서 평등한 주체, 보편적으로 동일한 주체란 불가능한 것이었다. 그러나 민주주의 혁명이라는 근대 정치는 어떤 자질과 속성도 고려하지 않는 모두의 자기 대표의 가능성을 선언하였다. 결국 민주주의는 보편적인 주체만을 알 뿐이다.

　그러나 동시에 민주주의는 그와 양립할 수 없는 또 다른 주체의 이름을 불러들인다. 따라서 민주주의에 대한 두 번째 주장이 등장한다. 그것은 이렇게 묻는다. 민주주의가 누구나 스스로의 권리를 대표할 수 있는 세계를 창설하려는 움직임이라 할 수 있다면, 대관절 그 권리의 내용은 무엇인가? 간단히 말해 그것은 어떤 권리인가? 그리고 그 권리란 어떤 종류의 현실과 상관을 맺는가? 이런 물음 앞에서 민주주의는 보편적인 주체라는 주체로부터 뒷걸음질 치게 된다. 그리고 다양한 권리의 내용을 가진 집단을 내세운다. 영미식의 정치적 담론이 항상 들먹이는 것처럼, 계급·성별·성정체성·인종·신체능력 등등에 따라 우리는 나누어져 있고, 그런 구체적이고 실제적인 주체야말로 민주주의가 상대해야 할 주체라는 것이다. 그렇다면 우리는 실은 민주주의를 말할 때, 양립할 수 없는 두 가지의 주체를 모두 마주하게 된다. 먼저 하나는 보편적인 주권적 주체로서의 인민일 것이고 다른 하나는 구체적인 여러 가지 사회적 집단의 총체로서의 인민일 것이다.

그리고 이 점이 바로 "우리는 99%이다"라는, 얼핏 듣기엔 호소력 있는 목소리가, 왜 정치적으로는 불임(不姙)의 외침일 수밖에 없는지를 설명해준다. 99%라는 숫자는 대표되기 위해 헤아려져야 할 현실만을 알 뿐이다. 그것은 누가 얼마나 많이 대표되어야 하는가에 골몰할 따름, 그 현실을 창설하는 행위와 인물을 고려에 놓지 않는다. 물론 그 인물은 숫자로 셈하여질 수 있는 인물이 아니다. 우리가 그를 가리키기 위해 만들어놓은 이름인 인민 혹은 시민이라는 이름은 다수(多數)의 묶음이 아니기 때문이다. 그것은 숫자의 많고 적음과 상관없이 무조건적으로 자신을 보편적 정의를 담지하는 주체로 선언할 수 있어야 한다. 그러므로 수적으로 그들이 적다고 할지라도 그들은 기꺼이 인민으로서 자신을 단언할 수 있다. 그런 주체가 관여하는 실천을, 다시 르포르를 쫓자면, 정치적인 것이라 부를 수 있을 것이다.

그런 점에서 피에르 로장발롱이라는 정치학자는 프랑스혁명 이후의 근대 정치를 요약하면서 근대 정치의 딜레마, 혹은 민주주의의 아포리아를 바로 "두 개의 육체를 가진 인민"에서 찾는다.[2] 인민이란 근본적으로 "수수께끼"로서 떠오른다.[3] 먼저 인민이란 주권을 지닌 통일적인 행위자로서의 주체일 수 있다. 로장발롱은 "인민은 야누스와 같다: 인민은 두 개의 얼굴을 갖고 있다. 그것은 위험이자 동시에 가능성이다. 그것은 정치적 질서를 정초하면서 동시에 그것을 위협한다."고 말한다.[4] 그때 그는 인민이란 정치적 질서를 탄생시키는 위대한 시민의 모습으로 출현하지만 동시에 그 질서가 자신의 권리를 짓밟고 억압한다고 절규하는 군중의 모습으로 나타나기도 한다는 것을 가리키는 셈이

---

2 스테판 욘손, 『대중의 역사: 세 번의 혁명 1789, 1889, 1989』, 양진비 옮김, 그린비, 2013, 37쪽.

3 Pierre Rosanvalon, Revolutionary Democracy, *Democracy Past and Future*, edited by Samuel Moyn, New York: Columbia University Press, 2006, p. 84.

4 앞의 글. pp. 84~85.

다. 여기에서 말하는 군중은 공장에서, 농장에서, 그리고 빈민가에서 자신의 삶의 필요와 이해를 주장하며 소요를 일으키는 "사회적" 주체에 다름 아니다.

따라서 인민은 근본적으로 불가해한 괴물 같은 주체였다. 그렇지만 이를 길들이기 위해 새로운 인민의 모습이 고안될 수 있다. 그것이 각자가 모두 인민 그 자체인 주권적인 개인들의 세계(그것에 바탕을 둔 것이 보편적인 참정권에 기반을 둔 "투표"이다)와는 구분되는 다양한 정체성에 따라 조직된 집단들의 세계, 즉 사회(그것에 바탕을 둔 것이 동일시(identification)에 바탕을 둔 사회운동, 즉 노동운동·농민운동·빈민운동·여성운동 등이다)이다. 그러므로 로장발롱이 "투표의 사법적 원리와 동일시의 사회학적 원리 사이의 긴장"[5]이라고 말할 때 그는 주권적인 개인들의 세계로서의 공화국이라는 정치체와 다양한 정체성들에 따라 분류되는 집단들의 총체로서의 사회(the society)라는 이중적인 세계로의 분열이 민주주의의 근본적인 문제임을 지적하고 있는 것이다. 그러므로 우리는 이런 분열을 해결하기 위해 19세기 후반부터 사회과학이 찾아낸 또 다른 인민의 이미지를 찾아볼 수 있다. 그것은 수치와 통계적인 평균을 통해 포착된 다양한 정체성을 지닌 집단들의 모음으로서의 인민, 미셸 푸코같은 이라면 생명정치적 주체로서의 인구(population)라고

앞의 글. p.85.

부를, 바로 그 인민이다.

물론 푸코 같은 이는 사법적 – 정치적 담론을 통해 정치를 이해하는 것을 극력 거부한다는 점에서 앞의 보편적인 주체로서의 인민을 인정하지 않는다.[6] 근대 정치의 합리성(rationality)을 분별하기 위해 통치성(governmentality)이라는 개념을 제안하면서, 푸코는 자유주의라는 통치성은 주권을 가진 시민들의 연합으로서의 공화국이 아니라 행복·장수·안녕 등을 추구하는 개인과 그 개인들의 집합으로서의 사회를 발명했다고 주장한다. 따라서 그는 보편적인 주체로서의 인민이 없는 세계, 평균소득이 얼마이고, 출생률과 사망률이 얼마이며, 평균 신장과 체중은 얼마이며, 학력 수준과 주택 보유율은 얼마인지 등을 통해 파악된 인간들의 집합, 즉 "사회"만이 존재했을 따름이라고 역설한다. 다시 로장발롱의 말을 빌자면 "애매하고 추상적이며 형태가 없는 순수한 연속성"으로서만 존재하는 생명체로서의 사회만이 있을 뿐이다.[7]

이때 민주주의란 유사한 생활방식을 갖는 개인들의 집합들이 자신을 조직화하여 대표하는 일로 여겨질 수 있다. 루소가 "스스로 법을 만드는 자유로운 인민과 자신을 대신하여 법을 만들어줄 대표를 선출하는 인민 사이에는 차이가 있다."고 말

---

6 미셸 푸코, 『사회를 보호해야 한다』, 박정자 옮김, 동문선, 1998.
7 스테판 욘손, 앞의 글. 38쪽.

했을 때,[8] 그가 가리키는 것도 바로 이런 것이라 할 수 있을 것이다. 법을 창립하는 인민과 대표를 선출하는 인민 간의 차이는 보편적인 주권적 주체와 사회 속에서 헤아려지는 다양한 개인들의 모임으로서의 인민 간의 차이일 것이다. 그리고 바로 그 차이가 100%와 99% 사이의 차이, 그 1%가 가리키는 차이이다.

---

8 버나드 마넹, 『선거는 민주적인가』, 곽준혁 옮김, 후마니타스, 2004, 13쪽에서 재인용.

인민은
누구이며,
민주주의란
무엇인가
-

그렇다면 우리는 미처 셈해지지 못한 1%가, 민주주의가 무엇인지를 분별하려고 할 때마다 되풀이해서 나타나는 혼란의 징후라고 생각할 수 있을 것이다. 민주주의란 무엇인가를 규정할 때 결정적 쟁점은 그것이 어떤 주체를 가정하고 있는가, 그리고 그 주체는 어떻게 자신을 대표하는가의 문제일지도 모른다. 그러므로 "우리는 99%이다"라고 말하는 것을 들을 때, 우리는 그들이 어떤 주체를 가정하는지 자연스레 물어보게 된다. "우리는 99%이다"라는 슬로건이 가정하는 주체가 무엇인지는 달리 자세히 밝힐 필요도 없을 것이다. 그것은 이런저런 조건 속에서 살아가는 "사회" 내부에서의 개인과 집단을 주체로서 전제하기 때문이다.

그런 생각 속에서는 거칠게 말해 전체 혹은 그와 바꿔 쓸 수 있을 총체로서의 세계가 자리 잡을 틈이 없다. 그 세계를 하나의 전체로서 상상할 수 있다면 어떤 비율의 결합을 통해 그것은 부분의 합, 총체로서의 전체일 뿐이다. 그리고 나 혹은 우리는 전체와의 관계를 그것과의 비율을 통해서만 대표하고 표현하게 될 것이다. 이는 언제부터인가 어떤 사안이나 쟁점이 제기될 때마다 대중매체를 가득 메우는 여론조사란 것이 하는 역할일 것이다.

여론조사는 전체가 아니라 전체란 것이 있다 치자고 말한다. 그리고 임의적으로 채집한 어떤 사람들에게 던진 질문과 그들이 들려준 답을 통해, "전체적으로 볼 때 세상의 의견은 이렇다"고 수다를 떤다. 따라서 우리는 어제의 여론조사를 통해 지금 우리가 살고 있는 세계에 대한 일시적인 이미지를 얻는다. 전체란 그런 것이다. 전체란 여론을 통해 가까스로 알 수 있는 희미하고 일시적인 실재일 뿐이다. 여론조사에서 상상하는 99%는 각자 서로 다른 이해를 가진 사회집단의 묶음일 뿐이고, 그 99%는 그렇게 여론조사 같은 것이 상상하는 사회 안에서나 존재한다. 따라서 그들에게 그 사회의 바깥, 즉 그 사회를 파괴하고 구성함으로써 만들어지는 새로운 세계란 존재하지 않는다.

당연한 말이지만 여론조사를 통해 분별된 세계 속의 사람들, 여론조사가 상정하는 주체는 외부가 없는 자들일 것이다. 그렇기에 99%는 그들이 수적으로 어떤 비율을 차지하든 상관없이 기꺼이 자신을 보편적 주체라고 강변하며 다른 세계를 요구하는 실천을 조직할 가능성을 떠맡으려는 주체가 되고자 시도하지 않는다. 99%는 학자금을 융자받고 대학을 다니지만 졸업 후엔 그 빚을 갚느라 시달려야 하는 대학생, 집값이 계속 오를 것이란 기대를 품고 은행에서 돈을 빌려 집을 사지만 결국엔 빚에 시달리다 집까지 잃어버리고 마는 중산층 하우스푸어, 근로소득의 부족을 메우기 위해 카드빚을 얻어 쓰고 신용구매를 하였다 결국 신용불량자로 파산해버리는 노동자 등을 모두 셈한다. 그러면 아마 99%가 될 것이다.

99%의 인구는 복잡한 사정으로 비참한 삶을 모면하지 못하는, 한때 부쩍 유행했던 말을 빌자면, 을(乙)들의 모임일 것이다. 그렇지만 그들의 고통스러운 삶을 초래한 원인은 모두 이런저런 사회학적인 사실일 뿐이다. 그런 삶을 초래한 어떤 정치적 결정이 있었겠지만 그것을 짐작하기란 어려운 일이다. 그러므로 우리가 할 수 있는 일은 약탈적 대부업자의 희생양이 되지 않도록, 조폭과 같은 채권추심원에게 장기포기각서를 써야 하는 인간 이하의 대접을 받지 않도록, 도덕적 해이란 비난을 받지 않도록 하는 등등을 위해 다양한 시민사회운동 단체의 개입을 기다리고, 그런 특수한 집단을 구제하고 보호하기 위하여 신용회복위원회·국민행복기금 같은 기구와 제도를 만들어내는 것 따위일 뿐이다. 이는 다양하게 세부적으로 분화된 사회학적 사실들의 집합을 다룬다. 이 경우 그것은 비율로 나눠진 특수한 집단들을 상대한다. 소득분위상의 어느 계층에 속하는가에 따라 이런저런 부조와 지원, 혜택을 제공하거나 배제하는 사이비 복지 정책은, 복지가 사회적 사실의 세계에 따라 분류된 집단이

아니라 보편적인 시민의 권리를 보장하고자 애쓰려는 것과 달리, 복지라 간주하기 어려운 것이다.

"(……) 시민권은 단지 극도의 빈곤(혹은 부르주아적 규범이라면 빈민들이 '온전한(decent)' 가족생활에 이를 수 있는 가능성으로부터 배제되면서 비롯된 효과라 말할 만한 것)에 대한 보호나 보장으로서가 아니라 보편적 연대의 메커니즘으로 생각되었다. 이런 메커니즘은 궁극적으로 모든 시민을 망라하였고 **사회 전체(the whole of society)**를 아우르는 것, 말하자면 부자나 빈민이나 그에 대해 동일한 권리를 갖는다는 것이었다. 빈민도 부자와 같은 대우를 받아야 한다고 말하기는커녕, 인간의 특유한 성질로서 노동이라는 인간학적 범주를 보편화함으로써 부자는 상징적으로 빈민과 같이 대우받아야 한다는 것이었다. 그리하여 국가가 보증하고 부여하는 대부분의 사회권은 결국에는 사회 전체가 승인하는 지위(헤겔이 Stand 혹은 '신분(estate)'이라고 했던)인 직업을 가진 능동적인 개인들의 안정적인 참여를 통해 조건지워지는 것이었다."[9]

---

[9] E. Balibar, *Equaliberty: Political Essays*, Durham and London: Duke University Press, 2014, p.14. (강조는 인용자).

발리바르는 복지를 시민권이라는 렌즈를 통해 설명한다. 그가 말하는 바는 복지라는 것을 누리는 주체의 얼굴을 규정하는 것이다. 그는 복지를 요구하고 누릴 수 있는 주체란 시민이라는 "특성 없는" 인간, 부자와 빈자를 나누지 않는 시민으로서의 보편적 권리, 특정한 부분 혹은 비율을 차지하는 사회의 부분이 아니라 "사회 전체"의 권리라는 점을 각별하게 강조하는 셈이다.[10]

그러므로 빈민이 사회 내부에서 어떤 비율을 차지하든 그 비율의 정도는 정치적으로 결정적인 것은 아니다. 문제는 비율이 아니라 "사회 전체"이기 때문이다. 그리고 자신이 살아가는 전체로서의 세계를 형성하고 규정하는 행위를 생각하기에 이른다면 그들은 99%라는 숫자를 통해 자신을 표식할 필요가 없다. 그들은 모두이다. 지금 우리가 살아가는 세계가 착취를 통해 움직이는 불평등한 세계라면 우리는 그 숫자가 아무리 적더라도 기꺼이 보편적인 정의의 이름으로 현재의 세계를 부정할 수 있어야 한다. 보편적인 정의는 어떤 특수한 누구의 이해를 위해

---

10 한국에서도 복지를 둘러싼 논쟁에서 보편적 복지를 요구하는 이들은 학교 급식을 비롯한 쟁점에서 이와 유사한 생각을 역설하였다. 그러나 이 논쟁이 국가가 제공하는 급부나 혜택을 어떻게 분배할 것인가의 쟁점으로 몰고 간 자유주의자의 선동에 끌려다니게 되었다는 점은 유감스러운 일이 아닐 수 없다. 시민권 나아가 민주주의를 급진화할 수 있는 정치적인 논전의 무대를 마련해 주었음에도 이는 결국 사회정책을 둘러싼 전문가들의 토론으로 축소되고 말았다.

봉사하는 것이 아니라 무조건적으로 모두에게 이로운 것이기 때문이다. 마르크스가 노동자의 해방은 인류의 해방이라고 말했을 때, 그는 노동자가 인구학적인 다수이기에 그들이 해방된다면 거의 모두가 해방되는 것과 같다고 말하려 했던 것은 아니었을 것이다. 그에게 있어 노동자의 해방은 모두에게 이로운 것이기 때문이었을 것이다.

해방과 평등의 정치
새로운 이름의
주체를 찾아서
-

그런데 우리가 전체라고 말한다고 해서 그것은 보편적인 해방의 정치의 주체, 시민 혹은 인민만을 내세우는 것은 아니다. 그도 그럴 것이 특정한 사회적 삶의 세계 속에 살아가지 않는 인민이란 또한 없을 것이기 때문이다. 그러므로 문제는 특정한 직업, 수입, 가족생활에 묶인 채 살아가는 사회적인 집단 혹은 개인을 보편적인 해방의 주체로서의 인민과 결합시킬 수 있을 것인가의 문제일 것이다. 다시 말해 사회적인 것과 정치적인 것을 어떻게 교차시킬 수 있을 것인가이다. 그런데, 이런 문제를 특별히 문제로서 의식할 필요가 굳이 필요치 않는 역사적인 시대도 존재한다. 그것이 1970년대 후반부터 1990년대까지 한국사회의 이른바 "민중운동"이 누린 역사적인 행운이다.

이 시기 "운동의 정치"의 프로그램은 반독재 민주화운동이었다. 알다시피 민중운동은 "민중"이라는 이름으로 군사독재에 의해 자신의 권리를 부정당한 보편적인 인민을 가리키려고 했다. 그러나 동시에 민중은 또한 다양한 사회적 현실 속에서 살아가는 구체적인 낯을 지닌 사회집단의 이름이기도 했다. 그것은 노동자 더하기 농민 더하기 도시빈민 더하기 학생 등으로 이어지는 인민들의 모임을 가리키는 것이기도 했다. 그러나 이 두가지 사이에서 민중운동은 동요를 겪기보다는 오히려 단단히 스스로를 정박하는 느낌을 가질 수 있었다. 민중이란 빽빽한 밀도로 가득 찬 구체적이고 풍부한 현실 속에서 살아가는 나의 형제자매들과 부모들을 가리키는 이름이었다. 그것은 더할 나위 없이 자명하고 또 나의 직관적인 상상 속에서 오롯이 떠오를 수 있었다. 반면 그 반대의 민중의 이미지 역시 지체 없이 상상될 수 있었다. 그것은 자신의 삶을 변화시키고 결정하는 주체, 주권적인 인민으로서 자신을 내세우는 순간, 그 즉시 빨갱이 짓이자 반정부적인 교란 행위로서 겁박당하고 또한 목숨까지 잃을 수 있었던 보편적인 권리의 주체로서의 민중이라 할 수 있다.

따라서 사상과 양심의 자유를 주장하는 민중은 자기의 처지를 주장하고 알리며 파업을 하고 경운기를 몰고 거리로 나서는 민중과 전연 다르지 않은 사람인 듯이 보였다. 주권적인 인민은 곧 불평등한 사회 속에서 살아가는 육체적인 인민이었다. 그리고 이것은 그 시기 한국의 좌파정치가 누릴 수 있었던 다행스러운 역사적인 축복이었다. 한국의 좌파정치는 민주주의의 역설인 보편적 주체로서의 인민과 욕구의 주체인 분화된 사회적 주체 사이에서의 동요를 해결하기 위해 굳이 애쓸 필요가 없었다. 그것은 대결하고 캐물어야 할 불가해한 질문이라기보다는 누구에게나 자명한 구체적이고 직접적인 현실이었기 때문이다. 이는 민주주의를 위한 투쟁으로서의 민중운동이 짧은 시간 안에 놀라우리만치 약진할 수 있도록 만들어주었던 추진력이기도 했다. 민중이란 이름은 더 없이 보편적이었고 또 동시에 구체적이었다. 민중이라는 주체는 어떤 세계에서 살아갈 것인지를 결정할 수 있는 보편적인 권리의 주체를 가리키는 것이었다. 그러나 동시에 그것은 장시간 저임금 노동에 시달리는 노동자, 농가부채에 시달리며 가난의 굴레에서 벗어날 수 없었던 농민, 철거 위협에 시달리며 달동네에서 파리 목숨처럼 살아야 했던 도시빈민들의 이름이었다. 따라서 우리는 군이 '레미제라블(Les Miserables)'과 같은 구차한 이름을 필요로 하지 않았다. '비참한 자들'이라는 서정적인 낱말을 빌지 않아도 민중이란 자못 딱딱하게 들릴 법도 했던 낱말은 충분히 생생하고 구체적이었다.

그렇다면, 지금 우리는 어떤 처지에 있을까. 놀랍게도 우리는 거의 분열증에 가까운 풍경을 마주하게 된다. 서글픈 일이지만 광우병 촛불집회를 회상해 보도록 하자. 그 시기 우리는 촛불집회에 참여한 이들이 전연 겹쳐질 수 없는 이질적인 주체이면서 생뚱맞게 자신은 하나라고 자처하는 풍경을 마주한 바 있다. 그때 거리에는 "대한민국은 민주공화국이다"를 외치며 "헌법1조가"를 불렀던 시위대가 있었다. 그들은 자신을 해방의 주체로 내세우는 보편적인 인민이라는 외양을 취하는 것처럼 보였다. 그러나 그것은 실은 아무것도 할 수 없는 무력한 사회적 집단의 묶음에 불과했다. 실은 그 시위대를 조직하고 이끈 것은 1천6백여 개가 넘는 각각의 사회적 욕구와 이해에 따라 결집한 시민사회단체들이었다. 그리고 이 인상적인 장면은 이른바 민주화 이후 한국에서 민주주의의 문제를 상대함에 있어 좌파정치가 얼마나 무력하였는지를 보여주었다.

지난 대선을 거치며 이제 거의 완전히 시효를 다한 것처럼 보이는 시민사회운동은 마치 하나의 "필요"를 의제삼아 하나의 사회운동을 조직한다 해도 과언이 아닐 만큼 수다한 사회운동의 세계를 펼쳐왔다. 알다시피 1990년대 이후 우리는 "××문제를 해결하기 위한 시민들의 모임"과 같은 형태를 띤 사회운동이 범람하는 것을 목격하여 왔다. 그러나 이러한 사회운동에서 사회를 총체화하는 정치적 결정을 스스로 떠맡는 주체는 어디에서도 보이지 않는다. 그런 순간 사회운동은 국회를 쳐다볼 뿐이다. 어느 정치학자의 말을 빌자면 그것은 사회적인 것을 생산하는 정치적 결정으로부터 스스로를 분리시킨 채, 이미 주어진 사회 내부에서 초래되는 문제들을 감독하고 판별하는 것으로 자신의 정치를 대신한다.[11] 이런 사례는 그리 멀리서 찾을 필요도 없을 것이다. 우리는 어느 새엔가 청문회와 감사의 전문가 및 스타가 되어 맹활약을 떨치지만 사회운동을 조직하고 그것을 정치적 결정의 주체로 구성하는 일에는 무력하기만 한 진보정당의 패주를 이미 지난 십 년간 지켜보았기 때문이다. 그러므로 우리는 좌파 세력이 자유민주주의적 대의민주주의를 위해 가장 열정적으로 애쓰는 야릇한 시대에 살고 있었던 셈이다.

아무튼 이런 연유로 우리는 다양한 사회적 차이만을 대표하는 대표를 가지게 된다. 그리고 이를 가리키는 이름이 바로 자유주의적 대의민주주의이다. 자유주의적 대의민주주의가 금지하는 것은 사회의 '자기-차이화'라고 부를 만한 것, 즉 주어진 사회와 그런 사회가 생겨나고 움직이는 원리를 규정했던 사회의 자기결정 사이의 미세한 차이이다. 앞서 말한 것을 되풀이하자면 사회의 몇 %가 자신을 100%이자 보편적 전체로서 주장하면서 사회의 꼴을 만들어내는 그 결정을 금지하는 것이다. 그러므로 자유민주주의는 다양한 대표들의 대표, 바로 대표의 보편성을 위한 자리를 제거한다. 그러한 자리가 없을 때, 실은 사회적 주체로서의 인민조차 필요 없다. 그러한 사회문제는 그것이 처해있는 사회의 법률·제도·정책·관행·언어 등에 의해 촘촘히 에워싸여 있고, 그것은 어차피 우리가 헤아리기에는 너무나 복잡한 문제이다. 그럴 때 정치는 수많은 싱크탱크와 법률

---

11 대항민주주의(counter-democracy)란 관점에서 특히 신자유주의로 대표되는 근년의 정치가 어떻게 감사(audit), 폭로, 평가와 같은 일련의 장치를 통해 정치를 대체하는지 분석하는 로장발롱의 분석은 시사적이다. 그의 생각을 따를 때 투표율을 통해 나타나는 정치에 대한 무관심의 반대편에서는 끝없는 국감과 정치평론가들의 토론, 인터넷 논객들의 비평적 수다가 범람한다. 즉 정치가 없으며 동시에 너무 많은 기이한 역설의 세계에 우리는 살고 있는 셈이다. Pierre Rosanvallon, *Counter-Democracy. Politics in an Age of Distrust*, Cambridge: Cambridge University Press, 2008.

가, 회계사, 대학교수들이나 감당해야 할 문제이다. 그런 터에 사회의 꼴을 결정하는 정치적인 주체로서의 인민을 상상하는 일은 거의 불가능한 일이 되어버린다. 자신이 인민 – 시민이라는 것을 잊은 우리는 자신을 대표하지 못한 채 오직 전문가들의 지식과 주장 앞에서 눈만 끔벅이며 그들이 내린 처방에 따라 어떤 이익을 얻을 수 있을지 셈할 따름이다. 아니면 그들의 주장을 중계하는 인터넷의 글에다 고작 저속한 욕설의 댓글이나 남길 것이다.

그렇다면 이런 상상인들 왜 못하겠는가. 무어라고 굳이 시위에 나설 필요가 있는가, 차라리 몇 푼씩 돈을 모아 가장 똑똑하다는 정책 전문가들이 모인 싱크탱크에 아예 정치를 외주를 주면 되지 않겠는가. 그러나 이러한 파국적인 상상이 스멀스멀 우리 눈앞에서 현실화되고 있다는 것을 부인하지는 않도록 하자. 그리고 실은 이것이 좌파정치가 자신의 사멸을 위해 나아가는 계기라는 것도 부정하지는 않도록 하자. 우리가 말한 민주주의의 역설, 보편적인 주체로서의 인민과 동일시에 따라 조직된 사회적 개인들의 모임으로서의 인민의 동일성이라는 역설은 이제 해결될 것이다. 누구보다 그 문제에 관하여 잘 안다고 자처하는 전문가들이 대리하는 인민, 자신의 문제를 굳이 대표할 필요를 느끼지 못한 채 자신의 문제를 고백하고 증언하는 측은한 피해자로서의 인민, 정치는 소통의 문제라고 분통을 터뜨리며 방청석에 앉아 정치평론가의 토론을 청취하는 인민. 그런 인민에게 새로운 세계는 없을 것이다. 그렇다면 새로운 세계를 상상하고 준비하는 정치를 위해 어떤 인민이 있어야 하는가. 그것을 생각하기 위해 필요한 몇 가지 물음을, 다음에서 제기해 보고자한다.

달아나는 사회, 그리고 사회-주의 이후의 정치

" '양도할 수 없는 인권'이라는 화려한 표제 대신
'노동자가 판매한 시간이 언제 끝나며
그에게 속하는 시간은 언제 시작되는지를
궁극적으로 명백히 하는' 소박한 대헌장……"**12**

---

12 K. 마르크스, 『자본 I - 1』, 강신준 옮김, 길, 2010, 423쪽.

사회적인 것의
황혼
-

사회학과에 입학하여 공부를 하였던 내가 들었던, 지금 돌이켜 보면 어이없는 소문이 하나 있었다. 그것은 사회학과 사회주의 사이에 무슨 인연이 있을지도 모른다는 것이었다. 하기는 옛날 러시아의 어느 혁명가는 사회학 서적을 들고 다니다 그를 감시 하던 관헌으로부터 사회주의자로 오해받아 곤욕을 치렀다지 않았다던가 하는 말을, 언젠가 지나가는 말로 들은 적이 있던 듯도 했다. 그러나 그 이야기가 그럴듯했던 것은 사회학과가 유독 학생운동이 활발했던 곳이란 탓도 있었을 것이다. 물론 그것은 다 지난 일이지만 말이다.

대학에 입학하자마자 열성 운동권으로 입적한 내게 전공은 관심 밖의 일이었다. 그렇지만 사회학에 아무런 관심도 주지 않으면서 사회학과 사회주의라는 금지된 이념 사이에 무슨 인연이 있다면 그리 나쁠 것 없단 생각을 하곤 했다. 대학원에 입학하기 전까지 흥미 없던 전공이더라도, 그게 불온한 것이라면 근사하겠다는 허튼 생각으로 내심 우쭐했던 것이다. 그런데 어쩌다 전공 학과의 대학원에 진학하여 공부를 하고 어느새 그 분야의 학문 언저리에서 일하게 된 지금, 불온한 학문으로서의 사회학이라는 소문은 싱겁기 짝이 없는 것이 되었다. 사정은 사회학만 그런 것이 아니리라. 사회학으로 대표되는 사회과학 모두가 아무런 구실을 못하는 상태에 점차 이르고 있는지도 모를 일이기 때문이다.

사회 – 과학이라는 학문을 둘러싼 후광이 사라지는 과정은 그와 깊은 인연을 맺고 있는 사회 – 주의(social–ism)[13]가 역사적인 효력을 마감하게 되는 것과 떼어놓고 생각하기 어렵다. 사회주의 혹은 사회민주주의 같은 정치적인 이념과 프로그램이 더이상 정치적 쓸모를 갖지 못하게 되었다면, 사회과학 역시 그만큼 그러할 것이라 짐작할 이유가 있다. 사회주의와 사회과학은, 앞머리에 붙은 사회라는 낱말이 알려주듯 동일한 대상을 다루고 있기 때문이다. 둘은 모두 사회라는 가공(架空)의 대상을 만들어내고 또 그것을 다룸으로써 존재했던 지식이고 정치였기 때문이다. 사회는 사회적인 것을 인식하는 특수한 역사적인 시점이 만들어낸 인공물 혹은 특정한 정치적인 효과를 발휘했던 허구라 할 수 있다. 물론 그것이 허구라고 해서 가짜라는 뜻은 아니다. 그것은 실제적인 허구, 자본주의에 내재한 모순을 해결

---

13 이 글에서 나는 사회란 특수한 역사적 관념과 사회주의 사이의 관계를 강조하기 위해, 사회주의란 낱말에 붙임표(–)를 넣어 사회 – 주의로 표기하고자 한다.

하기 위해 창안된 현실적인 대상이란 점에서 또한 실재이기도 하다. 그런 점에서 이 글에서 나는 많은 이들이 역설하듯이 사회적인 것(the social)과 사회(society)를 구분하고자 한다. 사회란 사회적인 것이 얼마간의 역사적 시대 동안 취했던 특수한 형태를 가리키기 때문이다.

사회는 19세기 후반을 전후하여 서유럽과 미국에서 등장하였고 2차대전 이후 국민국가란 것이 정치공동체의 일반적 형태로서 일반화된 이후 거의 전 세계에 걸쳐 나타났다고 볼 수 있다. 그리고 반세기보다 조금 전, 세계의 거의 모든 국가는 스스로 "사회" 국가임을 천명하였다. 프랑스는 자신의 헌법에서 "불가분하고 세속적이며 민주적이고 사회적인 공화국"이라고 선언하였고 독일연방공화국은 "연방제적인 민주주의 및 사회적 공화국"이라고 스스로를 지칭하였으며, 러시아연방은 "자신의 정책의 목표를 가치 있는 삶과 인간의 자유로운 발전을 위한 조건을 창출하는 데 두는 사회적 국가"로 규정하였다. 그것은 터키, 알제리, 브라질, 인도, 남아공 등, 거의 모든 국가들이 선택한 것이었다. 알랭 쉬피오가 말하듯이 "자신을 '사회적'이라고 정의하지 않거나 '사회정의'를 언급하지 않는 국가들이 규칙이라기보다는 외려 예외를 이루는"[14] 상태, 그것이 바로 지금까지

---

[14] A. Supiot, Grandeur and misery of the social state, *New Left Review 82*, July–Aug. 2013. p. 103.

의 세계의 상태였다고 볼 수 있다. 그런 점에서 어떤 이는 바로 이 사회란 것이야말로 19세기 후반 이후를 지배한 정치, 즉 새로운 형태의 자유주의의 "선험(*a priori*)"이었다고 말하기도 한다.[15] 물론 그것은 사회적 통치(social government)를 선택한 자유주의만의 것은 아니었을 것이다. 자유주의가 그러한 모습을 가지도록 강제하고 또 그와 맞짝을 이루었던 사회주의 역시 그것에 의지하였다.

그렇기 때문에 사회국가란 것을 재구성하려는 시도가 어떤 형태로 나타나든 우리는 사회국가란 것이 뉘엿뉘엿 역사의 저편으로 스러지고 있다는 판단에 크게 이의 없이 동조할 수 있을지 모른다. 바야흐로 사회의 황혼에 이른 것이다. 발리바르는 이를 이렇게 요약하기도 한다.

"이러한 국가(국민사회국가_ 인용자)는 19세기 중에 맹아가 나타나서 파시즘과의 대결을 거치면서 이른바 자유주의적 자본주의뿐만 아니라 또한 이른바 현실사회주의에 의해서도 아주 불균등하게 유효한 형태들로 완성되었다. 그것은 계급투쟁들을 조절하거나 또는 적어도 그것들에게 어떤 한계들과 민족적 약호로의 어떤 '재번역'을 강

---

15 William Walters, *Unemployment and government*, Cambridge & New York, Cambridge University Press, 2000. p. 7.

제할 수 있다는 의미에서 사회적이기 때문에, 민족적인
국가이다.…… 그런데 국민사회국가는 지금 완전히 위기
에 빠져있고, 그것의 출구가 무엇일지, 이러한 위기에
서 귀결되는 역사적 형태들이 무엇일지를 확실하게 지적
한다는 것은 불가능하다."[16]

그렇다, 우리는 사회국가 이후에 어떤 국가의 형태가 등장할
것인지에 관해 알 수 없다. 무엇보다 국가 자체에 시선을 두는
한 이는 더욱 오리무중이 될 것이다. 국가는 바로 '사회 이후의
사회적인 것'을 형성하고 매개하는 항으로서 자신의 새로운 형
태를 드러낼 것이다. 그렇지만 그 국가가 자신의 모습을 갖추
기 위해서는 이미 있었거나 새로 만들어내게 될 장치, 법률, 제
도만으로는 충분하지 않을 것이다. 국가가 통치하는 전문가들
의 손아귀에 들어있는 어떤 소유물이 아니라 지배하는 자들과
지배받는 자들 사이의 힘 관계를 물질화한다고 바라본다면, 그
새로운 국가는 어쨌든 새롭게 구성된 힘 관계를 상정해야 한

---

16 에티엔 발리바르, 「'마르크스주의의 전화'의 전망: 인권의 정치와 정치의 탈소
외」, 『알튀세르와 마르크스주의의 전화』, 윤소영 옮김, 이론, 119~121쪽. 한편 국
민사회국가의 문제를 주권적인 인민과 사회적인 주체의 결합 혹은 분리의 관계
속에서 평가하는 보다 본격적인 논의는 발리바르의 최근 저작들에서 전개된다.
이에 대해서는 다음의 글들을 참조하라. 『우리, 유럽의 시민들』, 진태원 옮김, 후
마니타스, 2010.; 『정치체에 대한 권리』, 진태원 옮김, 후마니타스, 2011.

다. 사회국가가 기대고 있던 사회는 바로 조직화된 노동자운동과 지배세력의 갈등이란 형태로 힘 관계를 조직할 수 있었다. 그렇다면 지금 사회 이후의 사회적인 것은 어떤 모습으로 나타날 것이며 그것을 지배하고 조절하는 국가는 어떤 형태를 취할 것인지 예측하고자 한다면, 바로 조직화된 노동자운동 혹은 사회주의라 불러도 좋을 정치적 이상(理想)과 실제 운동을 가정할 수 있어야 한다. 그렇지만 바로 그 앞에서 우리는 머뭇거린다. 아니 우리는 희망의 전조를 발견해야 할 자리에서 악몽을 꾸게 된다.

사회적인 것 없는
정치는 없다
-

알다시피 사회국가(the social state) 혹은 그보다 더 익숙한 이름
일 복지국가(welfare state)가 명맥을 다했다고 이야기할 때, 우리
는 부지불식간에 사회보다는 국가에 유의한다. 신자유주의 정
치 세력이 큰 정부 혹은 강한 국가를 비난하여 왔기 때문이다.
그렇지만 사회국가의 위기란 것이 정작 국가를 축소하거나 무
력화하는 것과 일치하지 않는다는 것은 이제 충분히 입증된 것
같다. 당장 2008년의 금융위기 이후 우리는 파산한 거대 금융
기관에게 구제금융을 제공하고 나아가 이를 국유화하는 국가
의 압도적인 능력을 목격한 바 있기 때문이다. 그렇다면 우리가
국가가 쇠약해지고 있다고 보고 있을 때, 힘을 잃어가고 있었던
것은 정작 국가가 아니라 바로 국가가 자신의 권력을 행사하는
대상으로 삼았던 사회라고 말해야 옳을 것이다. 국가가 아니라
국가가 항상 자신의 분신처럼 여겼던 사회가 스러지는 것을 우
리는 국가의 몰락 혹은 소멸이라고 오인했던 셈이다. 국가는 그
자체 강해지거나 약해지지 않을 것이다. 국가는 정치가 다루는

대상이 무엇인가 하는 물음에 대한 답에 따라 얼마든지 강해질 수도 약해질 수도 있는 것이기 때문이다. 결국 사회국가가 위기에 빠졌다고 할 때 우리가 주시해야 하는 대상은 사회이다.

그런데 사회가 사라진다고 하여 사회적인 것이 사라지는 것은 아니다. 우리의 물질적인 삶을 조직하는 사회관계가 없다는 것은 절대 상상하기 어려운 일이기 때문이다. 그러므로 당연히 존속하는 사회적인 것 – 마르크스주의라면 (자본주의적인) 사회적 관계라고 부르기를 선호할 – 이 있는 한, 그를 상대하는 정치 역시 존속할 수밖에 없을 것이다. 종말론적이고 목적론적인 역사철학의 환상에 빠지지 않는 한, 정치란 사회적인 것에 내재하는 모순과 적대 그리고 그것이 초래하는 불평등과 위계를 제어하려는 운동 그 자체라고 부를 수 있을 것이다. 그리고 그 운동은 사회적인 것과 떠난 채 존재할 수 없다. 최근 많은 포스트마르크스주의 철학자들(랑시에르, 바디우, 라클라우 등)은 주장하는 바처럼 정치란 것은 오직 정치적 주체의 문제일 뿐이라고 역설한다. 그들은 마치 정치란 어떤 타율성도 갖지 않는 정치 자체의 고유한 자율적 공간 안에서 움직인다고 강변하는 것처럼 들리기도 한다. 이런 모습을 지켜볼 때, 우리는 사회국가의 위기 혹은 소멸이라는 문제에 관해 그들이 말할 것은 거의 없다는 인상을 떨치기 어렵다. 그리고 우리는 그들에게 각자가 상상하는 정치적 주체가 상대하는 객관(적 세계)은 어디에 있냐고 퉁명스레 물어보지 않을 수 없다. 그들은 경험적이고 구체적인 삶의 세계를 단순히 존재자들의 세계로 비난하며 성급하게 현실을 존재론화하면서 구체적인 사회관계를 제거하고 있는 것은 아닐까.[17]

랑시에르는 "정치는 그 자체로, 즉 고유한 주체 때문에 현실화되며, 고유한 합리성에서 유래하는 하나의 특정한 행위양식으로서 정의해야 한다."[18]고 말한다. 그러면서 동시에 "정치의 본질은 **사회가 사회 자체에 대해 갖는 차이**를 현시하는 불일치하는 주체화 양식들에 있다."[19]고 말한다. 알다시피 그는 사회적인 것과 정치적인 것을 대립시키고, 전자를 정치의 유일한 대상이자 목적으로 삼는 사회론(socio-logie)으로서의 정치와 아르케(arche)로서의 정치, 어떤 선험적인 이상의 문제로서 정치적인 것을 규정하는 주장, 두 가지 모두를 거부한다. 사회학주의와 공화주의적 정치철학, 이 모두를 거부하고 정치적인 것의 새로운 장소, 주체를 찾아내려는 그의 집요하고 열정적인 시도는 충분히 시사적이다. 그렇지만 그가 충분히 말한 것은 아니다. "사

---

17 이런 추세를 두고 보스틸스는 "사변적 좌익주의"라고 지칭하며 비판한다. 레닌의 "좌익-소아병" 비판을 연상시키는 이런 비판에서 그는 불가능한 이상으로서의 공산주의를 현실성의 프로그램으로 번역할 것을 주문한다. 브루노 보스틸스, 『공산주의의 현실성』, 염인수 옮김, 갈무리, 2014.

18 자크 랑시에르, 「정치에 관한 열 가지 테제」, 『정치적인 것의 가장자리에서』, 양창렬 옮김, 길, 2008, 233쪽.

19 앞의 글, 260쪽. 강조는 인용자.

회가 사회 자체에 대해 갖는 차이"라고 부르는 그것, 즉 사회의 자기 자신과의 차이화라는 것을 역설할 때, 그는 정치를 대상 없는 정치, 객관적 조건 없는 정치, 주어진 사회적·역사적 여건과 상관없는 정치로 가늠하는 것은 아닐까 하는 의심을 지울 수 없게 만들기 때문이다.

그가 말하는 "사회가 사회 자체와 갖는 차이"란 것을 생각해 보자. 그가 말하는 것처럼 그런 차이는 정치의 우발적인 분출이 나 개입을 통해 발생하는 것일까. 그 점에서 그와 생각을 같이 하는 바디우나 지젝 같은 이가 보다 적극적으로 말하는 것처럼, 그런 차이를 만들어내는 것은 예견할 수 없고 기획될 수 없는 무엇, 그들이 은총, 기적, 사건 같은 개념을 통해 가리키는 그런 근본적인 우연성에 맡겨져 있는 것일까. 그러나 사회의 자기 차 이화라는 것은 자본주의에서 사회적인 것이란 스스로를 안정 화시킬 수 없는 근본적인 적대에 의하여 관통되고 있기 때문에 초래되는 것으로 생각할 수는 없는 것일까. 그렇다면 랑시에르 가 말하는 "해방(emancipation)의 정치"는 정치의 시학(詩學)으 로서는 매력적일지 모르지만 지루하고 고역스러운 평등의 정 치를 실현하고자 하는 프로그램으로서는 무기력하기만 할 것 이다. 사회-주의 위기 이후의 정치가 직면한 관건적인 문제, 사회적인 것의 행방을 어떻게 정치의 대상으로서 규정할 것인 가에 관해 뚜렷한 답을 마련해주지 못하는 한, 그것은 아름다운 몸짓만 취한 채 정치의 바깥을 배회하고 말지도 모른다.

정치란 것이 사회적인 것에 내재하는 모순과 적대를 제어하는 방식이라면, 이는 또한 사회적인 것을 형식화하는 것이라고 고쳐 말할 수 있을 것이다. 사회적인 것은 역사적으로 특정화되면서, 즉 이미 언급하였듯이 사회로서 자신을 형태화하면서 무언가를 억압하고 가두는데 성공한다. 이를테면 1848년 이후 유럽에서의 노동자 봉기로 시작된 '사회혁명'은 각 유럽 국가들이 도입한 사회보장을 통해 자본주의적 상품생산이 초래할 수밖에 없는 실업과 빈곤을 어느 정도 억제할 수 있었다. 그것은 거칠게 말하자면 계급투쟁을 단체협약이라는 형태로 변형시키는 것이었다. 이는 자본주의적 상품생산이 가져오는 불가피한 결과를 제거하지는 않더라도 완화시키면서 교육, 노후, 건강, 주거 등의 문제를 자동기계와 같은 복지제도(보험, 연금 등의 형태로 실현된)를 통해 실현하고자 애썼다.

그렇지만 그런 역사적인 형태를 취했던 사회가 지하에 가둘 수 있었던 사회적인 것, 즉 자본주의적 사회관계의 모순은 언제나 돌아올 수 있다. 많은 이들이 자본주의의 역사에서 불귀의 지점이라고 여겼던 20세기 중반의 사회국가 혹은 복지국가의 형성은 사회적인 것을 사회와 완전히 병합할 수 있는 것처럼 상상했다. 그렇지만 사회적인 것은 사회의 경계를 배회하며 안정되고 닫힌 현실로서의 그것을 위협하지 않을 수 없다. 이때 사회적인 것이 자신의 모습을 드러내는 방식은 다양하지 않을 수 없다. 현재 우리가 직면하고 있는 상황이 바로 그것일 것이다.

지금 우리는 사회 이후의 사회적인 것을 어떻게든 그려내야 한다는 과제에 직면할 때마다 사회에 관한 이미지를 바꾸거나 새로운 이미지를 고안하도록 강요받는다. 알다시피 근년 우리 주변을 범람하는 "피로사회", "과로사회", "자기절제사회", "속물사회" 운운의 수많은 사회에 관한 개념들(혹은 현상학적 충동이라 불러도 좋을)을 떠올려 보아도 좋을 것이다.

"××사회"라는 것이 사회라는 대상을 경험적이고 실제적으로 서술하거나 묘사한다고 보아서는 안 될 것이다. 그것은 나 혹은 우리의 눈에 비친 혹은 의식에 나타나는 사회의 이미지를 고백할 뿐이다. 그렇기에 너무나 많은 사회의 이미지들은 실은 사회란 것에 관한 일관된 이미지를 가지기 어렵다는 것을 알려주는 조짐일 뿐이다. 그러므로 우리는 사회 이후에 사회적인 것이 무엇인지 모른 체 있으면서도 또한 너무 많이 알고 있다고 말해야 할지도 모른다. 모두 사회적인 것에 관한 하나의 가정을 주조하고 부지런히 사회의 이미지를 그려내려는 세태는 수상쩍다. 그것은 사회적인 것을 일관된 하나의 이미지로 그려내고자 진력한다. 그리고 그를 통해 사회라는 유기적 전체를 상상하지 못하게 만드는 부정성을 제거한다. 다시 말해 우리는 사회에 관한 지식을 통해 사회에 관한 의심을 침묵시킨다.

이런 강박적 제스처는 사회적 관계의 적대와 모순을 부인하면서 사회적인 것을 이미 경험한 다양한 인상들을 통해 즉 사실과 증언, 인터뷰, 관찰을 통해 드러낼 수 있다고 강변하는 것이다. 얼핏 보기엔 섬세하고 열성적인 인류학적인 조사나 사회학적인 리서치를 통해 얻어진 결론인 양 생색을 내지만, 이런 주장들은 사실의 세계, 실정적인 세계를 알고 있을 뿐이다. 그렇기 때문에 앞서 말한 것처럼 부정성을 제거하는 것이다. 다시 말해 이런 주장들은 사회적인 것의 새로운 형상을 발견한 것인 양 자처하지만 이는 사회적인 것을 관류하는 부정성을 은폐하는데 기여할 뿐이다.

사회적인 것이 상상적이면서도 현실적인 이미지로서 자신을 나타내야 한다면 이는 동시에 사회적인 관계를 완결된 '전체'로 구성되지 못하게끔 하는 우연성들로 인해 침식되고 구멍이 나지 않을 수 없다. 사회적 관계 내부에서 전개되는 다양한 실천 즉 투쟁과 갈등은 사회적인 것이 취하는 형태를 결정하는 힘이었다. 지난 시대에 역사적으로 존재했던 사회란 것은 사회적인 것을 형식화시킨 것이지만 동시에 사회적인 것이 취하고 있던 낡은 형식을 변형함으로써 가능한 것이었다. 그리고 이제 우리는 사회가 그 역사적인 시효를 다하고 사라지고 있으며, 사회적인 것을 새로운 형식으로 재발명하여야 하는 단계에 이르렀다고 말할 수 있다.

만약 그런 가정을 지지할 수 있다면, 우리는 기꺼이 이런 물음을 떠올리게 된다. 정치는 사회적인 것 안에서 발견되어야 하지 않는가, 라고 말이다. 그러나 이는 랑시에르가 배격하는 '사회－론' 혹은 사회학주의에 빠져 이미 주어진 경험적인 사실의 상태, 사물들의 상태로부터 정치를 끌어낼 수 있다고 말하려는 것은 아니다. 그가 말하듯이 이는 이미 주어져있는 상태를 필연적인 것으로 간주하고 현재를 관리하는 일에 정치를 떠넘기는 것, 즉 내치(police)에 불과할 것이기 때문이다. 그렇지만 그런 오류에 빠지지 않고도 사회적인 것을 정치의 토대로서 고려할 수는 없는 것일까. '사회가 사회 자체와 갖는 차이'라는 것은 무엇인가란 질문은 이렇게 고쳐 물을 수 있을 것이다. 사회적인 것이란 개념은 '닫힌 전체'라는 것은 불가능하다는 것을 말해주는 것으로 생각되어야 한다. 사회적인 것이란 실체화될 수 없다. 만약 그런 것이라면 사회적인 것은 그저 영원한 현재의 질서의 다른 이름일 뿐이다. 그렇지만 사회적인 것은 그런 것이 아니다. 사회적인 것은 어떤 배치나 짜임새로도 고정시킬 수 없는 것을 가리킨다. 그렇기 때문에 사회적인 것을 새롭게 형식화하는 일은 가능하다. 또한 이 때문에 사회적인 것을 재조직화하는 행위로서의 정치도 자리할 수 있다. 정치의 다른 이름은 '사회적인 것의 형식' 혹은 사회적인 것을 형식화하는 몸짓 자체이기 때문이다.

이 장에서 나는 그러한 생각을 보다 구체화시켜 보이고자 한다. 사회주의 정치의 위기 이후 우리가 상실한 것은 자본에 반하는 정치의 지배적인 형태였던 사회 – 주의 그리고 그것의 근거가 되어준 사회일 것이다. 이는 자본주의에 반하는 정치를 잃은 것이 아니라 특정한 시기 동안 자본주의에 반하는 정치가 의

존했던 하나의 가정을 상실했을 뿐이라는 것이다. 만약 많은 이들이 주장하듯이 사회가 후퇴하거나 소멸했다면 그것은 또한 사회-주의란 이름의 정치 역시 소멸하거나 다른 무엇으로 전화하지 않을 수 없을 것이다. 아니면 최근 부쩍 유행하고 있는 주장처럼 사회를 되살리는 정치를 통해 사회를 재사회화하는 새로운 사회주의 정치를 발명해야 한다. 혹은 사회주의와 자유주의의 타협을 통해 만들어졌던 특정한 민주주의적 형태를 재민주화해야 한다.

그러나 사회적인 것을 사회로 변환시킬 수 있도록 했던 주요 조건들(조직화된 노동자운동의 등장과 테일러주의, 포드주의에 기반을 둔 경영자본주의의 정착, 국민국가의 일반화, 현실사회주의의 존재 등)이 소멸한 지금, 과연 사회로부터 자신의 정치적 합리성의 원리를 발견했던 정치가 소생하거나 부활할 수 있을 것이라고 믿기는 어렵다. 오히려 현실은 정반대의 모습을 향해 나아가는 듯이 보인다. 사회국가가 기대었던 연대(solidarity)와 집합적인 책임의 원리는 점차 '탈국민화'되어가고 있다. 그리고 이런 탈국민적인 연대는 사회적인 것을 특정한 유대로 조직하는 것을 가로막는다. 그 대신 신자유주의의 온전한 파트너로 이바지하면서 분할되고 시장화된 연대의 섬들이 국민연대의 빈자리를 성기게 채우고 있다.

우리는 더 이상 국민의 이름으로 집합적인 연대를 맺지 않는다. 그리고 연대를 물신화하는 표현인 국가가 보장하는 보험이나 연금을 포기한다. 아니면 경제정책이자 사회정책이었던 '발전계획'을 제거한다. 아니 그 모든 것을 단념하도록 강요받는다. 이제는 국민연대가 보장해주었던 보장을 대신하여 각자 획득하고자 하는 안전/보장을 시장에서 구입해야 한다. 그것은 수많은 이름을 내걸고 시장에서 거래되는 보험상품일 수도 있고 아니면 노후 자금을 보장해주겠다고 너스레를 떠는 숱한 연금 상품일 수도 있다. 이는 더 이상 국민이란 이름으로 제공되는 집합적인 연대가 아니라 자신이 추구하는 안전에 따라 시장이 제공하는 사이비 연대를 구입하는 산산이 흩어진 개인들의 연대이다.

돌이켜 보면 사회국가가 만들어낸 거대한 관료제적 장치가 도입하고 운용했던 사회보장, 사회보험 등은 연대라는 도덕적 원리를 자동적이고 객관적인 장치로 만들어 놓는 것이었다. 물론 그 장치는 국가장치였다. 그리고 이러한 국가장치가 제공하는 연대는 "국민연대(national solidarity)"임과 동시에 익명적인 연대였다. 미래에 자신의 삶에 들이닥칠 위험(risk)에 대처하기 위해 적립한 일정 액수의 돈은 특별한 윤리적 의지가 없어도 스스로 묵묵히 연대를 물질화하여 주었다. 또한 이는 국민국가가 만들어낸 사회라는 이름의 공동체 안에서 살아가는 각각의 개인이, 다른 이들 전체와 맺는 윤리적인 연대를 구체화하는 것이기도 하였다.

그러나 오늘날 그러한 국민적 연대는, 그것도 연대라고 부를 수 있다면, 새로운 사회적 연대, 즉 "시민연대(civic solidarity)"로 대체되어가고 있는 중이다. 시민연대는 국민연대의 추상적이고 얼굴 없는 익명성을 대체한다고 자처한다. 조금만 관찰하면 우리는 숱한 협동조합, 대부조합, 생활공동체, 화폐공동체(소액 금융에서부터 지역화폐운동에 이르는) 같은 것이 유행하고 있고 또 장려되고 있음을 확인할 수 있다. 개인들 각자가 자신의 삶에서 비롯되는 각양각색의 리스크를 스스로 책임지기 위해 조직한 자발적인 소소한 연대의 네트워크라는 뜻에서, 이는 자유주의적 통치가 연대를 새로운 모습으로 재편하는 것에 동조하는 몸짓이라고 여길 수 있다. 혹은 거꾸로 생각하자면 국민연대가 더 이상 미덥지도 유효하지도 않게 된 현재, 국가의 외부에서 형제애적인 연대를 조직함으로써 아래로부터의 사회주의를 조직하려 시도하는 탈자본주의적 연대의 맹아라고 후하게 쳐줄 수도 있다.

따라서 지금 우리가 바라보게 된 새로운 연대를 연대의 해체인지 아니면 새로운 형태의 연대의 조직인지 단정하기 어렵다. 이는 열려있고 또한 논쟁 중인 쟁점일 수밖에 없다. 그러므로 그것이 무엇일지 지레짐작하는 것은 섣부른 일이 아닐 수 없다. 그럼에도 우리가 분명히 말할 수 있는 것은, 이러한 시민연대가 신속하게 시장에 의해 납치되고 있다는 것이다. 충치에서부터 장례까지 수없이 다양한 삶의 리스크를 보장한다고 자처하는 보험상품은 대관절 무엇이란 말인가. 불안정한 미래에 대비하여 자신의 삶에 들이닥칠 리스크를 자산관리 형태로 연대화하는 수많은 금융상품을 상기해보자. 그런 것들이 지금 우리가 가장 흔하게 접할 수 있는 시민연대의 모습 아닐까. 그러므로 금융화된 형태의 재무적 연대, 시장을 통해 매개되는 시민연대를 선의의 호혜적인 시민연대와 구분해야 한다며 고상한 척해서는 안 될 것이다. 이는 어쨌거나 연대란 원리를 탈국민화함으로써 시장에게 연대를 위임하는 도착적인 시도라는 점을 감출 수 없다.

그렇다면 우리는 꼬리를 무는 잇단 물음에 직면하지 않을 수 없다. 사회라는 사회적인 것의 특수한 역사적 형태가 사라지고 있다면 우리가 해야 할 일은 무엇일까. 이를 방어하거나 복원해야 할까. 즉 국가가 주도하는 사회주의를 부활시켜야 할까. 아니면 그것이 역사적으로 소멸하고 있음을 기꺼이 인정하고 사회 이후의 사회적인 것이 취하게 될 사회 이후의 사회적인 것의 형태를 상상해야 하는 것일까. 즉 협동조합을 비롯한 다양한 시민연대에 의해 조직된, 제2의 사회주의를 발명해야 할까. 사회적인 것의 특정한 역사적인 형태인 사회를 생산한 원인은 무엇이었으며 지금 우리가 사회적인 것을 재구성하고자 한다면 그 근거는 어디에서 찾을 수 있고 그를 실현하는 방식은 무엇이어야 할까. 그리고 사회적인 것과 정치적인 것 사이의 관계는 무엇이며, 정치의 대상으로서 구상된 상상적인 대상으로서의 사회와 그것을 초과하는 것으로서의 사회적인 것 사이의 거리는 무엇인가.

나는 다음 장에서 그런 물음들을 조금 더 캐물으며, 그에 답할 수 있는 자리를 찾아보고자 한다. 이런 물음들은 자본에 반하는 정치를 모색하기 위해, 한때 유행했던 철학 용어를 빌자면, 사회적인 것이라는 문제설정(problematic)을 드러내고자 하는 것이다. 문제설정이란 것이 무언가를 사고하고 인식하기 위해 만들어진 좌표를 가리킨다면, 사회적인 것이야말로 우리가 자본에 반하는 정치를 생각하기 위해 참조하여야 하는 핵심적인 문제설정일지도 모르기 때문이다.

주권의 아포리아와
그것을 뛰어 넘는다는 것

-

앞 장에서 나는 정치의 주체란 누구인가라는 물음에 내장된 아포리아를 말한 바 있었다. 이를 다시 말해보자면 정치의 주체란 서로 다른 하나로 환원할 수 없는 두 개의 인민으로 이뤄져 있다는 것, 그리고 둘 사이의 거리를 좁히려는 어떤 시도도 불가능하다는 것이었다. 먼저 주권적인 인민이 있다. 그것은 자신이 살아가는 세계를 결정하는 정치적인 주체를 가리킨다. 나는 이것을 정치의 보편적인 주체라고 불렀다. 그 주체가 보편적인 이유는 그 주체가 처한 구체적이고 경험적인 현실과는 아무런 상관이 없기 때문이다. 그 주체는 역사를 가지지 않는다. 신분적인 지위와 시민 사이에 놓인 차이가 그런 것이다. 그가 어디 출신이고 어느 학교를 나왔고 어떤 직업을 가지고 있는지 여부와 상관없이 그는 무조건적으로 인민 중의 한 사람으로 간주하는 것. 그것이 시민이란 이름이 행하는 것이다.

그러나 그 인민은 또한 불평등한 사회 속에서 살아가는 육체적인 인민이다. 그들은 자신의 생존을 위하여 특수한 사회적 관계 속에 놓여있다. 노동자이거나 자본가이거나, 남성이거나 여성이거나, 한국인이거나 필리핀인, 일본인, 태국인이며…… 그렇지만 주권적인 인민과 사회적인(혹은 육체적인) 인민을 구분하는 것은 관념 속에서나 가능한 것일 뿐이다. 실제로 그 둘을 떼어놓는 것이 불가능하다. 둘은 다르지만 하나로 나타난다. 그렇다면 주권적인 인민과 사회적인 인민 사이의 거리를 왜 측량해야 한다는 것인가.

세계체제론으로 유명한 학자 월러스틴은 정치적 근대가 가진 핵심적인 특징을 '변화의 정상성'이라는 유명한 테제로 요약한 바 있다. 그리고 근대에 등장한 주요한 정치적인 이데올로기,[20] 즉 보수주의, 자유주의 그리고 사회주의가 바로 이 변화라는 관념 자체에 대한 나름의 반응이라고 규정하였다. 변화의 정상성이란 말 그대로 변화란 불가피하고 또 자연스러운 것이라는 관념을 가리킨다. 이미 주어진 섭리의 세계에서 혹은 신학적인 규범에 따라 규정된 세계에서, 변화라는 것은 불가능한 일일 것이다. 그런 세계에서 변화란 비정상적인 것 자체이자, 세계의 파멸에 다름 아닐 것이기 때문이다.

섭리 또는 신의 의지에 따라 완벽하게 조직된 세계에서, 변화

---

20 발리바르는 이를 "프랑스혁명에 의해 생산된 단절 이래 집단적 담론들과 행동 속에서 정치를 경제적인 것과 사회적인 것에 접합시키는" 정치적 지향의 체계로 설명하기도 한다. 에티엔 발리바르, 「'사회주의'와 맑스주의」, 『맑스주의의 역사』, 윤소영 엮음, 민맥, 1991.

란 세계의 한계를 알리는 신호가 될 것이다. 변화란 나쁜 것 중에 나쁜 것이고 악한 것이었던 셈이다. 그러므로 변화란 근대이후의 세계에 살아가는 우리에게만 가능한 독특한 관념일 것이다. 근대 이전에 변화란 상상할 수 없는 것이거나 지극히 비정상적인 것이었다. 그러나 근대는 변화를 '정상'으로 생각한다. 프랑스대혁명 이후 열린 세계에서 정치적인 변동 즉 다른세계를 선택하고 결정하는 행위는, 가능할 뿐 아니라 정상적이며 심지어 바람직한 일로 되었다. 나아가 변화란 것이 정상적인것이라면 또한 그 변화는 이성적인 것이기도 하다. 푸코가 지적한 대로, 근대의 정치적 이성은 "중세의 사유나 르네상스의 사유의 거대한 우주론적 신학의 세계에서 국가라는 영역을 분리해내고 새로운 합리성을 정의"한다는 것을 가리키는 것이기 때문이다.[21]

그렇다면 세 개의 이데올로기는 각각 다른 방식으로 변화의정상성이란 것에 응대한다. 먼저 보수주의가 있을 것이다. 그것은 프랑스혁명이 만들어낸 변화의 정상성에 반대한다. 그것은변화 자체를 악이라고 간주한다. 보수주의자들은 구체제(ancien regime)라 부르는 것을 복원하고자 광분하였다. 그들은 정치를맡아야 하는 사람들은 전통적 사회제도에서 책임 있는 위치에

21 M. Foucault, *The birth of biopolitics: lectures at the Collège de France*, 1978–79, Graham Burchell trans. New York: Palgrave Macmillan, 2008, p. 471.

있었던 사람들이라고 주장하였다. 그런 탓에 그들은 종교제도나 귀족제도같은 정치제도를 신뢰하였을 뿐 아니라 가족이나 공동체 같은 국부적인 제도를 선호하지 않을 수 없었다. 그런 제도들은 어떤 의지의 변덕에 따라 변화하지 않는 자연스러운 삶의 질서 그 자체처럼 간주되었기 때문이다. 따라서 보수주의자들은 전통적 제도의 권위를 복원하고 유지하면서 이 전통의 지혜에 일을 맡기는 것이 바람직한 것이라 생각했다. 이런 추론에 따를 때 민주주의는 경멸하여 마땅한 것이 된다. 민주주의란 위계에 대한 존중이 사라지는, 무질서와 타락한 삶을 가리키는 것이기 때문이다.

이런 생각에 따를 때 사회적인 것이란 관념은 존재할 수 없게 된다. 그러나 그렇다고 하여 보수주의가 전혀 무력한 것만은 아니다. 보수주의는 국민 – 민족국가란 형태 속에서 자신의 상상을 각인하는 데 크나큰 영향을 미쳤기 때문이다. 보수주의는 정치적 이데올로기로서 소멸하였지만 상실되어버린 공동체라는 관념을 통해, 사회라는 이상적 허구를 구상하는 데 크게 기여하여 왔다. 또한 보수주의는 자유주의의 유력한 대항세력으로서 사회주의가 쇠퇴할 때, 자유주의에 응수하는 반대세력으로서 끊임없이 출몰하였다. 우리는 그것을 신자유주의가 팽만한 21세기 초의 세계에서 생생하게 목격하고 있다. 사회주의란 적수를 제압하기에 이른 자유주의는, 인종주의와 근본주의라는 형태로 재탄생한 보수주의를 뜻하지 않은 적으로서 상대하게 된다.

어쩌면 자유주의 비판의 유일한 적은 사회주의라기보다는 보수주의라고 말해도 좋을 지경이 되었다. 오늘날 보수주의는 사회주의를 대신해 사회적 관계 내부의 불평등을 고발하는 역할을 떠맡고 있다. 보수주의는 자본주의의 새로운 현실을 끈질기게 성토한다. 그렇지만 그것은 상상적인 정체성(우리 – 미국인, 우리 – 프랑스인, 우리 – 일본인 등)을 위협하는 나쁜 힘으로서의 자본주의일 뿐이다.

그렇지만 세 개의 이데올로기 가운데 지배적인 것은 역시 자유주의일 것이다. 자유주의는 나폴레옹의 유럽 정복 그리고 그의 패배 이후 신성동맹이 유럽을 지배하며 등장했던 세계에서 본격적으로 모습을 갖추었던 바 있다. 자유주의는 그 자체의 방식대로 프랑스혁명을 계승하고자 했다. 그 역시 변화를 환영하고 지지하였다. 그러나 그들이 원했던 변화란 정상적이고 불가피한 것이지만 또한 적절히 조절되어야만 하는 것이었다. 이러한 '통제된' 변화라는 논리(reason)는 푸코가 말한 대로 혹은 마르크스가 폭로하고 비판한 대로, 정치경제학에 의해 제공되었다. 자유주의자들은 기본적으로 기회의 평등과 능력주의(meritocracy)를 선호하였다. 그들은 세습적 위계는 반대했지만 자연적 위계는 존중하였다. 각자 타고나며 가진 또 익힌 개인적 능력에 따라 살아가야 한다는 것이다. 그리고 자유주의자는 보수주의자들의 질서당(Party of Order)에 대항하여 자신을 운동

당(Party of Movement)으로 규정하면서 변화를 위해 제도개혁을 하되 그것을 자연적 속도에 맞춰 일어나도록 해야 한다고 역설하였다.

그럼 자유주의자들이 내세운 변화의 주체는 누구였을까. 그들은 전문가 집단을 내세웠다. 그 때문에 그들은 철학이나 신학이 아닌 과학을 옹호했다. 교육받은 사람은 누구나 무언가에 있어 전문가일 수 있다. 그리고 뛰어난 시민 역할을 수행하는 것이 허용될 수 있는 이들은 배운 사람이다. 그리하여 19세기 전반까지는 일단 형세는 자유주의와 보수주의의 갈등이라는 형태로 전개되었다. 정치적 쟁투의 이데올로기적 배역은 둘이었다. 자유주의 대 보수주의. 그리고 이윽고 사회주의가 당도했다. 여기에서의 분기점은 당연히 유럽을 휩쓸었던 1848년의 혁명이었다.

1848년에 무슨 일이 벌어졌을까. 먼저 최초의 '사회혁명'이 등장했다는 것이다. 정치혁명은 결코 온전한 혁명일 수 없다는 것, 정치혁명은 그것이 열어젖힌 조건 위에서 사회혁명을 예비하는 것일 뿐이라는 것은 파리코뮌을 통해 고지되었다. 프랑스대혁명의 계승자이자 그 필연적 효과라고 할 파리코뮌을 통해 아주 짧은 시간이었지만 노동자가 권력을 장악하였다. 이 사건은 지배 계급을 경악시켰다. 사회주의는 분명 프랑스혁명 이후 국가의 부르주아화에 대한, 보수주의자들과 자유주의자들끼리 각축하면서 배경도 능력도 없는 사람들을 배제하곤 했던 공식적인 정치 게임에 대한 반발로부터 유래한다. 프랑스대혁명은 인간의 보편성을 선언하였지만 그것이 만들어낸 세상에서 인간은 오직 부르주아였기 때문이다. 그리고 이런 반발은 산업혁명, 경제의 국민화, 개인들의 사적 사회화라는 사회적 조건들 위에서 진행된다.

두 번째로 "민족들의 봄(the springtime of nations)"이라 부르는 민족봉기가 세계를 휩쓸었다. 그리고 1848년의 혁명을 통해 자유주의의 그늘에서 분리되어 나온 급진주의자들은 사회주의자가 되었다. 일부는 유토피아적 공동체를 창안하려 하였다. 그러나 대부분의 사람들은 당장의 현실을 개혁하기 위해 스스로를 조직하게 된다. 그러나 자유주의자들 역시 1848년 혁명으로부터 배운다. 그들 역시 자신들을 "중도파적인" 프로그램을 통해 대표해야 한다는 점을 깨닫고 또 그렇게 하였다. 그 결과 우리는 당분간, 보다 정확히 말하자면 20세기 후반까지, 정치를 지배하게 될 세 개의 이데올로기를 물려받게 된다. 그렇다면 이 가운데 무엇이 살아남고 무엇이 퇴장하였는지를 굳이 결산할 필요는 없을 것이다. 완패한 것은 사회주의였다. 그리고 이는 사회주의에만 타격이지는 않을 것이다. "부르주아적인 사회적-정치적 체계의 조절에 불가결한 기여자"였던 사회주의 없이, 사회란 관점에서 정치를 행사하게 된 자유주의 역시 불가능하지 않을 수 없기 때문이다. 그러므로 사회주의 없는 자유주의가 제대로 작동할 수 있을 것이라고 기대하기란 불가능한 일이다.

그런데 프랑스대혁명이 뜯어낸 역사의 봉인으로부터 풀려나온 변화의 정상성이란 원리, 역사라는 마법의 램프에서 풀려난, 모든 것을 바꿀 수 있다는 주술을 되뇌는 지니라는 마법사를 떠올릴 때, 우리는 자본주의라는 독특한 역사적인 사회관계를 기억해야만 한다. 자유란 이름으로 나타난 변화의 정령(精靈)은 평등이라는 역사의 천사와 만날 수밖에 없다. 자본주의가 적대, 즉 착취를 통해 자신을 영속시킬 수밖에 없는 시스템이라고 한다면, 착취적인 사회관계에서 비롯되는 변화에의 요구로부터 자유로운 자본주의 역시 존재할 수 없다.

프랑스대혁명은 일체의 봉건적인 특권을 폐지함으로써 부르주아에게 자신의 뜻에 따라 세계를 만들어갈 수 있는 자유를 주었다. 그러나 바로 그것에 의해 비참한 삶으로 몰리게 된 자들이 요구하는 끊임없는 변화로부터 부르주아는 끊임없이 위협을 겪도록 예정되었다. 프랑스대혁명이 선언한 인권과 시민권은, 언제나 변화란 가능하며 그를 위해 누구나 행동할 수 있음(이를 어떤 이는 봉기의 권리라고 명명하기도 한다)을 적어도 이념적으로 약속한 것이었기 때문이다.

그렇다면 그 약속은 지켜져야 한다. 우리가 인간이라면 나아가 시민이라면 나 또는 우리에게 권리가 존재하지 않는다는 것은 있을 수 없는 일이다. 그렇기에 권리 없는 정치란 말은 정치가 없다는 것과 동일한 것일 수밖에 없다. 그러므로 정치의 잘

못을 고치기 위한 가능성은 모든 이들에게 열려있어야 한다. 그러므로 변화를 조직하는 행위로서의 정치, 그리고 그것에 참여할 수 있는 주체의 권리 즉 주권은 처음부터 자신의 이율배반, 해결할 수 없는 난관을 품고 있었다고 말할 수 있다.

바로 그러한 이율배반을 푸코의 동료이자 제자였던 자크 동즐로는 명료하게 정의한다. "우리는 **사회적인 것을 실행할 필요성이 계몽주의 시대에 만들어진 공화주의적 이상과 처음으로 실행된 민주주의 형태가 마주친 순간에, 즉 1848년 혁명 직후에 등장했다**는 것을 보여주려 노력할 것이다. 그리고 이때 공화주의의 이상 안에 포함된 모든 확신과 약속들이 사회문제라는 하나의 문제 때문에 무효화되고 환상인 것처럼 여겨지게 되었다. 공화국의 생존은 명시적으로 이 문제의 해결에 달려있게 되었다."[22]

이 간결한 문장에서 그는 1789년의 프랑스대혁명과 1848년의 사회혁명 사이의 거리를 측정한다. 그 거리는 역사학자 홉스봄이 '혁명의 시대'라고 불렀던 그것이다.[23] 이제 혁명이란 정치적인 이상이 탄생하였고, 그것은 필요하다면 매일, 매년마다 일어날 수 있는 일이 되었다. 이는 현실이기도 하였다. 혁명이라는 유령에 의해 시달리지 않은 19세기를 떠올리기란 불가능한 것이었기 때문이다. 그러나 변화의 급진적 형태인 혁명을 완

---

22 자크 동즐로, 『사회보장의 발명』, 주형일 옮김, 동문선, 2005. 16쪽(강조는 인용자).

23 에릭 홉스봄, 『혁명의 시대』, 박현채, 차명수 옮김, 한길사, 1984.

전히 제거할 수는 없겠지만 그것을 통제된 변화로 전환함으로써 이를 완화할 수는 있을 것이다. 그리고 이로부터 우리는 사회적인 것을 사회로 형식화하려는 기획이 출현하는 순간을 만나게 된다.[24]

"1848년의 그날 이후에 공화국은 더 이상 하나의 대답이 아닌 하나의 문제인 것처럼 보이게 된다. 1789년의 대혁명의 가혹함 자체가 부분적으로 혁명의 실현을 제거하지만 공화주의 이상의 힘을 피할 수 없는 썰물에 이은 밀물 같은 반작용―즉각적인 반작용의 지점―을 유발할 정도로 급진화시키면서 유지한 운동이라는 인상, 미완의 도약이라는 인상을 남길 만큼 1848년의 혁명은 곧 내부적 마비라는 이미지, 잘 규정된 적에 의한 제압이라기보다는 자기 파괴를 유발시키는 그 자체로 폐쇄된 과정이라는 이미지, 공화주의적 확신의 회복보다는 공화주의적 주체 내부의 분열이라는 이미지를 갖게 된다. 그 사건이 있은 후부터 사람들은 공화국에 대해 사회적인 것의 문제라는 병이 심장에까지 다다른 허약한 존재를 대하듯 말하기 시작했다. 사회

---

[24] 프랑스라는 국민국가의 사례를 중심으로 '사회'의 형성을 설명하는 것으로 다음의 글들 역시 참고할 수 있다. 홍태영, 『국민국가의 정치학: 프랑스 민주주의의 정치철학과 역사』, 후마니타스, 2008.; 다나카 다쿠지, 『빈곤과 공화국: 사회적 연대의 탄생』, 박해남 옮김, 문학동네, 2014.

보장 문제와 그 해결방법에 대한 몇몇 소책자를 만들면서 경험을 쌓지 않은 제3공화국의 정치인은 거의 없다."[25]

요컨대 1848년의 혁명은 자유주의의 원초적 상흔의 시작이었던 것이다. 동즐로가 말하는 것처럼 "주권을 가지고서 혁명을 할 수는 있지만 하나의 사회를 만들 수는 없다."[26] 따라서 자유주의는 주권의 사용을 통치자들의 선출에 제한하고 유능한 통치자를 선출함으로써 사회의 분할 효과, 혹은 계급적 대립을 제어하고자 하였다. 이를 통해 자유주의는 국가를 이용하여 인민주권이란 이념이 항상 시달려야 하는 문제, 즉 노동분업 혹은 계급투쟁을 감소시키거나 제어할 수 있어야 한다. 이는 사회국가에서 확인할 수 있듯 자본주의라는 적대적인 사회관계를 위험과 안전의 변증법으로 구성하는 일이 될 것이다. 이를 동즐로는 국가에 의한 '사회개혁'이라는 방향으로 나타난다고 말한다. 그리고 이것이 주권의 막다른 길로부터 벗어날 수 있도록 하는 출구를 제공해주었다고 역설한다.

결국 동즐로가 파악하는 자유주의란 정치적 근대성으로서의 주권과 경제적 근대성으로서의 계급투쟁을 조정해야 하는 영원한 시시포스의 노동을 수행하는 과제를 짊어진다. 자본주

---

25 자크 동즐로, 앞의 글, 17쪽.
26 앞의 글, 103쪽.

의의 적대는 끊임없이 주권이라는 조건과 대면하게 된다. 자본주의적 착취는 프롤레타리아를 끊임없이 권리의 주체로서 출현하도록 하는 조건이다. 그리고 인민주권의 원리는 이를 제거할 수도 억제할 수도 없다.[27] 그렇다면 사회적인 것의 특수한 형태인 사회는 바로 이런 모순을 조정하기 위하여 자유주의가 채택하고 사회주의가 지지하였으며 노동자운동이 환영하였던 전략이자 그 결과라 할 수 있다.[28] 그리고 이를 통해 "일련의 갈등들 – 소유자계급의 권리 대 무산계급의 권리, 자유주의자 대 공산주의자, 혁명론자 대 개혁론자 – 을 쫓아내고 또 사회질서와 사회안정, 어쩌면 사회정의까지 보장할 수 있게 된다. 따라서 경제의 여러 측면들은, 사회적인 것이란 이름 속에서 정치적으로 통치되도록 요구받는다."[29] 한편 이를 담당하게 될 '새로운 "사회적" 대리인들(new "social" agents)'은 사회적인 것을 구성하는 다양한 영역들, 가족, 일터, 지역사회 나아가 국가와 같은 영역들에 대한 연구와 분석을 수행한다. 그것이 이른바 사회학,

---

27 이러한 근대성의 조건이자 모순을 발리바르는 평등/자유(égaliberté/equaliberty)란 명제를 통해 정식화하기도 하다. 에티엔 발리바르, 「정치의 세 개념 : 해방, 변혁, 시민인류」, 『대중들의 공포: 맑스 전과 후의 정치와 철학』, 최원 · 서관모 옮김, 도서출판b, 2007.

28 이의 역사적 전개를 서유럽을 배경으로 개관하는 것으로 다음의 글을 참조하라. 도널드 서순, 『사회주의 100년 1 – 2』, 강주헌 외 옮김, 황소걸음, 2014.

29 N. Rose, *Powers of freedom: reframing political thought*, Cambridge, United Kingdom & New York, NY, Cambridge University Press, 1999. p. 118.

가족학, 심리학, 사회복지학을 비롯한 일련의 사회과학이 담당한 일이라는 것은, 이미 익히 아는 바이다.

경제에 맞서는
사회?
-

그렇지만 사회라는 것을 주권의 이율배반을 해결하려는 시도로서만, 근대 정치의 불가역적인 변화의 효과로서만 이해하는 것은 자칫 일면적인 이해에 그칠 위험이 있다. 사회란 무엇보다 자본의 생산 및 재생산 과정, 그 동역학이라는 원인이 만들어내는 효과, 어느 마르크스주의자의 말을 빌자면 '사회효과'로서 생각할 수 있어야 한다.[30] 말하자면 사회란 것은 자본주의적 상품생산의 내적 모순을 조정하기 위하여 발생하고 재생산되는 다양한 실천들과 그것의 효과를 통해 만들어지는, 사회적인 것의 특수한 역사적 형태로 생각할 수 있는 것이다.

이미 보았듯이 동즐로 같은 이는 '주권'의 모순이 어떻게 '사회'를 발생시켰는지 추적한다. 그는 권리와 필요(need)를 중재하는 대상으로서 사회란 것이 출현하였음을 밝혀준다. 그리고 그것이 초래한 부정적 효과를 제어하려 억압했던 주권의 모순

---

30 에티엔 발리바르, 앞의 글 참조.

이 거듭해서 되돌아온다고 말한다. 그런 사고의 방향에서 그는 68혁명의 반란을 사회국가가 만들어낸 사회가 한계에 봉착하면서 마침내 다시 되돌아온 주권적인 개인의 반란으로 인식될 수 있다고 바라본다. 아마, 그럴 수도 있을 것이다. 그렇지만 그러한 주권적 개인의 반란은 새로운 자유주의(신자유주의)의 전략으로 흡수되어버리고 만다. 지금 그러한 주권적 개인의 모습은 신자유주의가 만들어낸 사회 없는 개인의 연대, '기업가적 개인'의 연대 아닌 연대로 대체되어버린다.[31]

지금까지 내가 거칠게 요약한 것은 극히 추상적인 이미지일 뿐이다. 나는 자본의 내적 모순과 주권이라는 정치의 아포리아를 해결하려는 시도로서 역사적으로 존재했던, 그러나 지금은 사라지고 있을 사회란 것이 있었다고 주장하였다. 그리고 이는 주권적인 (정치적) 주체로서의 인민과 자본주의적 사회관계 속에서 살아가는 (사회적) 주체로서의 인민을 교배함으로써 가능한 일이었다고 말하였다. 그리고 이러한 교배를 통해 특정한 주체의 형상이 출산될 수밖에 없었다고 규정하였다.

그렇다면 이 주체의 형상은 보편적인 권리의 주체인 인민, 그

---

31 기업가적 주체와 신자유주의 정치의 관계에 관한 분석은 이제 상당히 쌓여있다. 대표적인 분석으로 저자의 졸저와 다음의 글을 참조하라. 서동진, 『자유의 의지, 자기계발의 의지』, 돌베개, 2009.; Pierre Dardot and Christian Laval, *The New Way of the World: On Neoliberal Society*, London & New York: Verso, 2014.

가운데에서도 자신을 인민 중의 인민으로 내세웠던 노동자라는 인민의 형상일 것이다. 자신이 보편적인 권리의 주체임을 자각하면서 동시에 특수한 사회적 관계에 놓여있는 사회적 주체로서 또한 인식했던 노동자, 그들은 어떻게 주권의 아포리아를 일시적으로 해소하면서 동시에 자본주의의 적대를 정치의 정상적인 게임 속으로 통합될 수 있었을까. 이를 묻는 것은 노동의 정치가 자신을 어떻게 주체화함으로써 자본에 대항하면서 동시에 자본의 운동을 지지하는 정치를 실행할 수 있었는가 하는 것을 묻는 것과 다를 바 없다.

이 장을 시작하며 인용하였던 경구에서 마르크스는 "천부인권"을 지닌 보편적 인민과 노동권을 제기하는 노동자라는 인물을 대조한다. 이는 흔히 오해하는 것처럼 허황된 추상적인 이념보다 소박하지만 현실적인 변화를 추구하는 것이 낫다는 말로 이해되어서는 안 될 것이다. 외려 이는 지금껏 우리가 살펴보았듯이 정치는 사회적인 것 속에서 그것을 현실화하는 것을 통해서만 효과를 발휘할 수 있다는 표현으로 읽어야 할 것이다. 헤겔식의 표현을 빌려 말하자면 인민의 주권은 추상적인 보편성일 뿐이다. 인민주권이라는 보편성은 현실적인 사회관계의 제약을 초월할 수 없다. 마르크스가 "양도할 수 없는 인권"과 노동시간을 제한하는 "소박한 대헌장"을 대조하였을 때, 이를 공허한 이념 대신에 당장 내 손 안에 든 작은 결실과 이득이 더 낫다는 말로 오해할 수 없는 것도 이 때문이다. 이는, 이제는 아무도 탐탁하게 생각하지 않을 표현이지만, 헤겔과 같은 방식으로 '이성의 현실태'를 주장하는 것으로서 새겨야 옳을지 모른다. 인민주권의 이상은 자본주의적 사회관계의 제한을 고려하지 않을 때 그저 추상적인 보편성일 뿐이다. 보편성은 현실 속에서 자신의 가능성을 발견하려 한다. 나는 이것이 악명 높은 헤겔의 표현, "이성적인 것은 현실적인 것이고, 현실적인 것은 이성적인 것이다"의 요점이라고 생각한다. 마르크스의 말 역시 헤겔의 이런 주장을 반복하는 것이지 않았을까. 추상적 보편성으로서의 인민주권은 자본주의적 사회관계에서의 권리의 요구로 전환하며 현실적 보편성으로 전환한다. 그런 현실적 보편성을 구체화하는 것의 이름 역시 사회였을 것이다.

사회국가가 자본주의적 사회관계에서 비롯되는 수없는 폐해를 지칭하는 이름은 '사회문제(social question)'였다. 그러나 이는 실은 노동문제였고, 이는 다시 완곡하게 계급투쟁이라는 것이 근본적인 문제라는 것을 암시하는 것이었다. 그렇다면 노동이라는 사회적 존재는 어떻게 '사회의 성분'으로 전환되었으며 그것은 또 어떤 연유로 오늘날 사회라는 지평으로부터 벗어나게 되었을까. 당연히 이는 사회적 관계 속에 있으면서도 더 이상 사회에는 속하지 않는 이를 떠올리게 한다.

우리가 비정규직이라는 말을 들을 때 퍼뜩 떠오르는 것은 그들의 법률적 고용 조건보다 흔히 한국에서 '4대보험'이라고 불리는 사회보장의 바깥에 있다는, 불안한 처지이다. 사회국가가 만들어 놓은 사회의 이미지, 즉 국민연대의 체계로서의 사회는 그 연대를 사회보장을 통해 물질화한다. 거칠게 말하자면 사회보장에 속하지 않는다면 그는 사회에 속하지도 않는다. 그는 타인과의 연대에서 배제되어 있는 것이고, 연대에의 가입과 소속은 사회에의 가입과 소속이란 것과 동일한 것이었다.[32]

따라서 프레카리아트(precariat)라 불리기도 하는 불안정 노동, 비정규직 노동, 임시적이며 단기적인 노동 등은 연대의 체계 밖에 있는 노동, 사회의 외부에 있는 노동을 가리키며, 더 나아가 말하자면 사회 자체란 이상이 더 이상 제 역할을 다할 수 없게 되었음을 시사한다. 그러나 국민연대에 의해 조직되고 사회보장으로 자신을 구체화했던 사회가 사라진다고 해서, 노동 역시 사라지는 것은 아니다. '사회적인 것'의 특수한 역사적 형태인 사회, 그리고 그것이 자신의 한 부분(이때 노동자는 계급이라기보다는 건강, 안전, 교육, 영양 등의 생명과 관련한 사안들에 관련된 '인구'의 부분이다)으로 통합하였던 특정한 노동

---

32 이런 것을 로베르 카스텔은 다음과 같이 설명한다. "연대, 혹은 사회 전체의 부분들 사이의 상호의존은 위험을 향해진 보상을 정당화한다. 재해가 미치는 인격적인 영향은 집합적 효용을 위한 실천으로부터 비롯된 결과일 뿐이다. 피해자들이나 그들의 가족들에게 보상하는 것은, 사회 정의란 사회적 연대의 기본 요구라고 이해한다는 뜻에서, 정의에 다름 아니다." Robert Castel, *From Manual Workers to Wage Laborers: Transformation of the Social Question*, Richard Boyd trans. New Brunswick, N.J.: Transaction Publishers, 2002. p. 300.

주체와 그 형태만이, 사라지는 중에 있을 뿐이다. 그렇다면 노동은 여전히 사회적인 것을 재형식화할 수 있는 원인이 되고 있을까. 이는 아마 사회–주의 이후의 정치를 사회적인 것과 정치의 관계 속에서 상상하려면 필히 거쳐야 할 질문일 것이다. 다음 장에서 다룰 문제는 바로 그것이다.

제거할 수 없는
정치의 불변항, 노동

"오랫 동안 우리는 현자의 돌을 찾아왔다;
그리고 그것을 찾아냈으니 그것은 바로 노동이다."[33]

"『자본』은 …… 정치에 관한 저작도 아니려니와
더욱이 노동에 관한 것도 아니다.
그것은 실업에 관한 책이다."[34]

[33] Abbé Malvaux, Les moyens de détruire la mendicité en France: en rendant les Mendians utiles à l'état fans les rendre malheureux, Paris, 1780, p. 323. Pierre Rosanvallon, *The new social question: rethinking the welfare state*, Princeton, Barbara Harshav, trans. N.J.: Princeton University Press, 2000, p. 70에서 재인용.

[34] Fredric Jameson, *Representing Capital–A Reading of volume one*. London & New York: Verso, 2012. p. 2.

노동과 대표의
역설
-

언제부터인가 선거철이면 어김없이 듣는 푸념이 있다. 이른바 강남의 "계급투표"라는 농담 같으면서도 농담처럼 듣기에는 어려운 말이다. 아둔한 강북의 없이 사는 자들은 항상 자신들의 이해에 반하는 보수여당에 표를 몰아주는 반면, 강남의 잘 사는 이들은 무엇이 자신에게 유리한지 훤히 내꿰고 약삭빠르게 자신을 대표하는 이들을 찍는다? 이런 푸념 뒤에는 약삭빠르게 자신의 처지를 제대로 대표하는 정치적 행위를 못 하는, 가진 것 없는 자들에 대한 원망과 늘 자신을 배반한 채 살아가는 이들에 대한 체념적인 연민이 스며있을 것이다.

그러나 조금만 따져보면 이는 문제를 잘못 짚은 것임이 드러난다. 무엇보다 가진 자들은 스스로 계급적으로 행동할 필요가 없기 때문에, 강남의 계급투표란 이야기는 옳지 않다. 강남에 사는 가진 자들은 우리, 가진 자들이란 이름으로 스스로를 집단적으로 대표할 필요가 없다. 그들은 한 명의 개인으로 침착하고 냉정하게 자신의 이해에 따라 행동하면 그만이다. 바로 그때 즉 오직 개인적으로 행동할 때, 그들은 온전히 계급적으로 행동하는 셈이다. 부르주아들이 자신들의 이해를 대변할 위원회와 조합을 가지고 있다는 말을, 우리는 어디에서도 들어본 적이 없다. 그들이 가지고 있는 것은 계급적인 단결의 힘이 아니라 자신의 이해와 일치하는 세계의 이치이다. 그들은 세상의 이치에 따라 스스로 행동할 뿐이다. 그들은 자신이 누구인가 스스로 의식할 필요 없이 그냥 자신의 욕구가 일러주는 대로 자발적으로 살아가면 끝이다.

반면 강북은 어떨까. 여기에서 우리는 사정이 아주 다르다는 것을 깨닫지 않을 수 없다. 먼저 우리는 대표되어야 할 자들 스스로가 없다는 기이한 상황을 마주하게 된다. 간단히 말해 가진 것이 없는 자들은 대표되어야 할 자신에 관해 언제나 오인하거나 무지하다. 가진 게 없는 자들이 세상의 이치에 따라 행동할 때 그들은 언제나 자신의 이해에 반할 수밖에 없다. 그들은 세상의 이치를 쫓으면 쫓을수록 자신의 이해에 반하는 행동을 하게 되는 법이다. 강남을 자본이라고 부르고 강북을 노동이라 부른다고 치자. 그렇다면 강북의 노동은 자신이 자신에게 알려지지 않은 자들이다. 어려운 말로 그들은 언제나 자신에게 늘 불투명한 주체이다. 노동하는 자는 항상 자신을 지배하는 자의 눈을 통해 자신의 이해를 식별하지 않을 수 없다.

알다시피 경제란 항상 모두의 경제가 아니라 자본의 경제이기 때문이다. 마르크스식으로 말하자면 우리는 상품, 화폐, 자본, 임금 등의 물신주의에서 벗어나지 못한다. 말하자면 이윤은 사업을 잘한 데 따른 성과이고, 임금은 일한 자들에게 지불하는 대가이고, 이자는 돈을 쓴 데 대한 보답이라는 식이다. 물론 이는 자본의 편에서 본 이야기일 뿐이지만 또한 '세상의 이치'이기도 하다. 그렇기 때문에 노동하는 편에서 본 자신의 (경제적) 이해란 곧이곧대로 말하자면 자본의 이해를 거쳐 번역되고 인식된 이해일 뿐이다. 그러므로 노동은 자신의 경제, 즉 노동의 경제를 가지고 있는 게 아니라 "경제 비판"이란 이름으로서만 자신의 이해를 제안하고 또한 발명할 수 있는 셈이다.[35]

그런 점에 유의하면 신자유주의란 것은 지극히 재기발랄한 이념이자 구체적 프로그램이다. 우리는 이제 경험으로 유연화, 구조조정, 슬림화, 경영합리화 등이 무엇을 가리키는지 깨닫고

---

35 그렇기 때문에 마르크스의 『자본』의 부제가 '정치경제학 비판'인 이유를 짐작할 수 있게 된다. 그것은 자본에 반하는 노동의 정치경제, 어느 경제학자의 말처럼 그들의 경제에 반하는 우리들의 경제를 제시하는 것이 아니다. '정치경제학 비판'이라는 관점에서 자본주의적 사회관계를 분석하는 전통은 한국에서는 아직 그다지 익숙한 것은 아닌 듯하다. 이런 입장에 따른 작업들로는 알튀세르주의 계열의 정치경제학이나 구 서독의 아도르노의 제자들인 헬무트 라이헬트(Helmut Reichelt), 한스-게오르그 바크하우스(Hans-Georg Backhaus) 등의 '자본 논리학파(Capitalogic)', 그리고 현재 독일의 미카엘 하인리히(Michael Heinrich)로 대표되는 '마르크스 비판적 독해(new reading of Marx)' 경향, 미국의 크리스토퍼 아서(Christopher Arthur)로 대표되는 '헤겔주의-마르크스주의'(신변증법파로도 알려진) 등을 꼽아 볼 수 있다. 그들에 대한 자세한 소개는 저자의 능력을 넘어서는 것이고, 또 이 글에서 다룰 것도 아닐 것이다.

있다. 정부 관리와 경영학자들 그리고 그들의 나팔수 역할을 하는 대중매체가 유행시킨 이 용어들이 무엇을 뜻하는지, 어지간히 눈치가 있다면 쉽게 짐작할 수 있을 것이다. 그것은 정리해고, 비정규직, 비할 데 없는 노동강도의 강화, 주주가치극대화란 명목으로 경영자가 전횡을 일삼는 일터 등을 이르는 우아한 사이비 과학 용어일 뿐이다. 그러나 그를 깨닫는 것으로, 그런 과학적 지식이 은폐하는 참담한 현실을 들춰내는 것만으로 충분할까. 그리고 그런 폭로를 통해 노동은 자신의 숨겨진 현실을 깨닫고 진리를 재발견하여 세계를 부정하는 행위에 이를 수 있을까. 아마 그렇지 않을 것이다.

정리해고, 비정규직, 더욱 팍팍해진 노동강도, 재병영화된 일터의 문화, 실질임금의 감소 등은 그냥 사회학적 현상일 뿐이다. 사람들은 오늘날 그 어느 때보다 노동은 힘들고 고통스럽고 비참하고 박탈당해 있으며 불안정하다고 끊임없이 말한다. 사회주의자도 그렇게 말하고 자유주의자도 그렇게 말하며, 노동조합운동가도 그렇게 말하고 자선기관이나 인도주의기관의 활동가도 그렇게 말하고, 마침내 바티칸의 교황도 그렇게 말한다. 모두가 자본주의가 초래한 악에 대하여 말한다. 실업과 빈곤 그리고 그로부터 비롯된 비참한 삶에 관하여 모두 개탄한다. 노동 그리고 노동하는 자의 사회적 삶은 언제나 우리를 화나게 하고 눈물짓게 하고 또 미치게 한다. 그러나 그뿐이다. 왜냐면 사회학적이라 부를 수 있는 구체적으로 풍부하고 생생한 노동의 삶은 가난의 시학(詩學)을 위한 재료가 될 수 있을진 몰라도 정치의 연료가 되기에는 불충분하기 때문이다.

그것만으로 노동은 자신을 대표할 수 없기 때문이고, 가난한 자들의 모임이 곧 가난한 자들의 정치조직으로 전환할 수는 없기 때문이다. 그것은 사회적 현상일 뿐이고 노동자들 역시 특수한 사회적 집단에 머물 뿐이다. 마르크스가 말했던 것처럼 그들은 보편적인 계층이 아니다. 그렇다면 이 곤경에서 어떻게 벗어날 수 있을까. 어떻게 하면 노동은 정치의 대상이 될 수 있을까. 나아가 어떻게 하여야 노동은 자신을 대표하는 정치를 조직할 수 있을까. 우리는 이 장에서 이러한 의문에 답할 수 있는 실마리를 찾아보고자 한다.

노동권과 노동의 권리

시민의 권리에서
상품의 권리로

-

자본 대 노동이라는 구분은 자본주의가 초래한 폐해에 저항하여 싸우는 정치를 꿈꾸는 이들을 항상 쩔쩔매게 만든다. 자본에 속한 사람들의 묶음으로서의 "질서 당(黨)"과 노동에 속한 사람들의 묶음으로서의 "변화 당(黨)"이 있어, 둘이 정치의 공간에서 서로를 대표할 수 있을 것이라고 생각해보자. 이는 어렵지 않게 흔히들 하는 생각이기도 하다. 그러나 조금만 주의를 기울이면 이런 발상은 노동과 자본의 경쟁적 대립에 관한 정치인 척하지만 실은 노동에 반하는 정치를 상상하는 것임을 깨달을 수 있다. 자본 대 노동이라는 '외적인 대립'의 관계에서 노동은 자본의 외부에서의 노동이 아니라 근본적으로 '자본 안에서의' 노동일 수밖에 없기 때문이다. 어려운 말로 노동이 자본의 언어와 눈길을 통해 자신을 재현/대표(representation)할 수밖에 없다면, 노동을 대표한다는 것은 자본이 짜놓은 틀 안에서 자신을 재현하는 일일 수밖에 없다.

지금은 까마득한 일처럼 여겨지지만 한때 개혁인가 혁명인가라는 문제를 두고 입씨름을 벌인 적이 있었다. 그때 논쟁의 쟁점은 자유주의적 대의민주주의를 어떻게 볼 것인가의 문제였고, 이는 또한 대표의 문제이기도 하였다. 개혁을 미는 쪽은 기꺼이 노동이 자신을 대표할 수 있다고 믿는 반면 혁명을 지지하는 쪽은 그것을 부정한다. 혁명을 옹호하는 측은 설령 자신의 이해를 대표하는 조직과 물질적인 수단을 가지고 있을지라도 이는 오직 자본주의를 근본적으로 재구성하는 행위를 조직하기 위한 방편일 뿐이라고 간주하였다. 따라서 개혁인가 혁명인가란 문제는 일시적인 단절을 통해 총체적인 변혁을 꾀할 것인가 점진적인 변화를 통해 내부로부터 자본주의를 변화시킬 것인가 하는 따위의 쟁점은 아니었던 셈이다. 그 논쟁의 진짜 쟁점은 노동을 어떻게 정치의 조건으로 사고할 것인가였다. 말하자면 노동은 자본주의 안에서 자신을 정치적으로 대표할 수 있다는 쪽과 노동이 자신을 정치적으로 대표하는 방법은 오직 자본주의적 사회관계를 폐지하는 것을 통해서만 가능할 것이라는 쪽 사이에서의 대립 말이다.

서글픈 일이지만 개혁이냐 혁명이냐 운운하는 쟁점은 더 이상 우리 시대의 정치적인 질문이 아니다. 그것이 우리 시대의 의제가 아닌 이유는 그런 토론을 벌인다는 자체가 터무니없는 사치로 여겨지리만치 우리가 초라한 정치의 세계에 살고 있기 때문만은 아니다. 개혁인가 혁명인가 하는 물음은 어떤 정치를 할 것인가란 물음에 앞서 정치란 무엇인지를 캐묻는 근본적인 질문에 응하는 것이다. 말하자면 개혁인가 혁명인가란 질문은 둘 가운데 어떤 입장을 택할 것인가 하는 실용적이고 구체적인 문제이기에 앞서 자본주의 속에서 정치를 어떻게 생각할 것인가란 물음을 제기한다. 이는 무엇보다 자본주의 안에서 자신을 대표할 수 없는 근본적인 한계에 갇혀있는 노동이 어떻게 자신을 새로운 방식으로 대표할 수 있을 것인가라는 쟁점과 상관되어 있다. 그러므로 그런 논쟁이 오늘에도 계속될 수 있을 것이라 더 이상 기대하기 어려운 이유를 개혁마저 기대하기 어려운 시대 탓으로 돌리는 것은, 옹졸한 처사이다. 외려 우리가 실토해야 할 것은 노동과 정치의 관계를 사고하는 데 있어, 우리는 그 어느 시대보다 곤란한 조건에 처해있다는 것이다.

개혁이냐 혁명이냐는 두 당파가 있다고 치고, 혁명이란 당파의 편에서 노동을 생각한다고 가정해 보자. 노동이 자신을 대표한다는 것이 언제나 자본의 한계 안에서라면 노동이란 자신을 대표할 수 없다는 뜻일까. 노동이 자신의 자기동일성을 가지고 있지 않다면, 즉 대표된다고 할 수 있는 그 지시대상이란 게 존재하지 않는다면, 그것은 대표될 수 없다는 뜻일까. 이 장의 서두에 인용한 글에서 프레드릭 제임슨은 이런 주장을 건넨다. 그가 역설적인 어투로 『자본』이 자본이나 노동에 관한 책이 아니라 실업에 관한 책이라고 말할 때 그는 『자본』이란 책을 어떤 책으로 읽어야 할 것이냐는 물음에 답하는 것은 아닐 것이다. 그는 자본의 자기증식의 결과 노동은 언제나 자신의 부정성, 즉 상대적 과잉인구로서의 실업을 초래한다고 지적한다. 다시 말해 실업이라는 형태로 노동은 자신의 긍정(사용가치를 낳는 보편적인 활동으로서의 노동)을 자신의 부정(자신의 노동을 점차 불필요하고 과잉인 것으로 부정하는 노동)을 낳는 힘으로 부정한다. 즉 실업은 자본주의의 부정성 그 자체이다. 실업이란 자본이란 명제와 노동이라는 반명제의 종합을 불가능하게 하는 부정성을 구현하고 있는 셈이다. 그런 연유로 제임슨은 『자본』이란 바로 그런 부정성에 유의하면서 조화로운 전체로서의 자본주의란 불가능하다는 것을 말하고 있다는 것, 아마 이것이 『자본』의 결정적인 교훈이라고 강조하고 싶은 것이리라.

그러나 물론 꼭 그렇게 생각할 수 있는 것만은 아니다. 자본과 노동의 종합이란 사이비 변증법을 배격하는 것은 옳지만 그렇다고 해서 (아도르노를 연상시키는) 부정의 변증법을 그 대안으로 내세우는 것이 유일한 출구는 아니기 때문이다. 자본과 노동이 자신을 대표한다고 말할 때, 우리는 대표라는 개념이 무엇을 지시하는지 물어보아야 한다. 만약 그것이 자유주의적 대의민주주의가 말하는 대표를 가리킨다면 우리는 그러한 대표의 개념을 통해 노동은 자신을 대표할 수 없다고 말할 것이다. 그러나 그런 이유로 대표라는 개념 자체를 쓰레기통에 처박는 것은 어리석은 일일 수 있다.

그보다 우리는 대표라는 개념이 그리 투명하지 않다는 점을 보다 집요하게 물고 늘어질 필요가 있다. 아니 발상을 전환해 대표란 것이 대표되어야 할 대상을 가지고 있는 것이 아니라 대표가 바로 대표되어야 할 대상을 만들어낸다고 생각해 볼 수도 있을 것이다. 노동이 자신을 대표한다는 것은 이미 주어진 노동을 대표하는 것은 아니다. 실은 역으로 대표할 대상으로서의 노동을 생산하면서 동시에 자신을 노동의 대표로서 제시하는 것이다. 그런 점에서 노동의 정치란 개념을 상식에 따라 생각한다면 그것은 이미 말했던 것처럼, 그냥 사회학적인 분류, 다양한 경제적 상태의 집합으로서의 노동을 대표하는 정치, 즉 노동의 코포라티즘(corporatism)에 머물고 말 것이다.

노동이 자본의 자기운동의 한 가지 계기에 불과하다는 점에서 곧 노동의 역사는 자본의 역사이기도 하다.[36] 자본에게 노동

---

36 그런 점에서 노동의 계보학이라 할 만한 것을 강조하면서 노동의 비물질성, 정동적 성격 나아가 감정 노동, 열정 노동, 가상 노동 등에 주목하는 주장들을 새롭게 생각해 볼 수 있다. 그런 관점은 자본 대 노동의 관계에서 자본으로서의 노동, 자본의 계기로서의 노동이라는 관점을 뒤집어 외려 노동을 일차적인 것으로 강조한다. 과감하게 말한다면 외려 그들은 노동으로서의 자본을 주장한다고 말할 수도 있다. 이들은 자본은 사회적으로 조직된 노동에 대한 이차적인 반응으로서만 존재할 수 있으며, 자본의 자기운동이 아니라 노동의 투쟁에 따른 자본의 대응이란 관점에서 자본주의의 역사를 파악하여야 한다고 말한다. 이런 관점은 노동이야말로 생성과 창조의 입장에 있고 자본은 기생적이고 그것의 효과를 탈취하며 순전히 형식적인 명령에 불과할 뿐이라는 도발적인 주장을 던진다. 자본의 코뮤니즘이라는 최근 논란이 되는 주장은 이런 맥락에서 비롯된다. 이런 주장을 둘러싼 논쟁에 관해서는 다음의 글을 참조하라. 연구공간L 엮음, 『자본의 코뮤니즘, 우리의 코뮤니즘: 공통적인 것의 구성을 위한 에세이』, 난장, 2012.

은 오직 자본의 한 부분으로 비칠 뿐이고, 자신이 투여한 자본의 총액의 일부일 뿐이다. 마르크스가 노동력을 가리켜 가변자본이라고 말할 때 그런 것처럼 말이다. 자본의 눈길에 노동이란 자신이 임금으로 지불한 인건비만큼의 경제적 행위에 불과하다. 그리고 그것을 가능한 한 적게 들여 더 많은 이윤을 뽑아내는 것만이 자본에게서 유일한 관심사일 뿐이다. 그러나 노동은 자본의 구성부분 가운데 하나에 머물지 않는다. 자본은 자신의 힘으로 노동을 만들어낼 수 없다는 근본적 한계를 해결할 수 없기 때문이다.

자본은 취업을 위해 공장과 사무실 문 앞에 도착해 있는 노동자, 구직란을 뒤적이는 노동자만을 알고 있을 뿐이다. 그렇기 때문에 노동을 생산하고 재생산하는 일은 자본의 직접적인 관심사가 아니다. 그렇다면 노동은 자본의 한 부분이기도 하지만 동시에 자본의 너머에 있기도 하다. 어쨌든 노동은 생산되어야 하고 그렇게 생산된 노동을 자본은 가져다 쓴다. 그렇게 써먹다 용도 폐기된 노동도 있고 자신이 생각하기에 불필요하다고 생각하여 쫓아낸 노동도 있다. 그렇지만 이런 불필요하거나 아직 노동이지 않은 노동을 먹여 살리는 일은 결코 자본의 소관사항이 아니다. 이것이 악명 높은 실업이란 문제이다.

실업은 해고되었거나 취업하지 못한 "상태"를 가리키는 말이 아니다. 그렇다면 실업은 미취업 혹은 비고용 상태를 가리키는 말에 머문다. 비정규직이라는 우아한 법률적 표현 역시 다르지 않다. 우리는 노동을 오직 고용노동, 임금노동에 제한한다. 그렇기 때문에 광범한 임금 없는 노동, 재생산을 위한 노동, 나아가 고용되지 못한 채 대기실에게 기다리고 있어야 하는 노동을 노동이 아닌 것으로 간주한다.[37] 그럴 때 자본의 내부에 속한 노동만이 노동으로서의 자격을 갖추게 된다. 이는 자본을 위해 필수적이다.

실업은 경제 사정으로 인해 어쩔 수 없이 노동자가 처하게 된 사정, 그러니까 직업 없는 상태를 가리키는 말이 아니다. 또한 이는 단순히 임금 없는 상태를 가리키는 것으로도 볼 수 없다. 실업이란 그런 경제적인 삶의 '상태'를 가리키는 말로 축소할 수 없다. 실업은 자본의 운동의 법칙의 일부이자 그것의 필연적인 효과이다. 자본은 끊임없이 노동을 흡수하기도 하지만 또한 그것을 뱉어내기도 한다. 그렇다면 실업은 자본의 외부에 놓여 있는 노동을 가리키는 말이라 해도 과언이 아니다. 그리고 어떤 자본주의라 해도 그러한 실업을 배제한 채 노동을 말할 수 없다. 자본은 노동을 지배하기 위해 끊임없이 노동을 자신의 운동 즉 생산과정으로 끌어들인다. 그러나 그 효과로 동시에 많은 노동을 불필요한 것으로 생산과정에서 제거한다. 생산과정은 또

---

[37] 물론 임금 없는 노동 역시 존재하고, 그것이 재생산을 위해 중요한 부분을 차지한다. 이에 대해서는 다음의 흥미로운 글을 참조하라. 마이클 데닝, 「임금 없는 삶」, 『뉴레프트리뷰 2013/4』, 길, 2013.

한 자본이 가치를 증식하는 과정이기도 하다. 더 많은 양의 이윤, 그것도 다른 자본에 비해 더 많은 양의 이윤을 만들어내는 것이 운명인 한, 자본은 실업을 만들어낸다. 실업은 자본주의적 생산양식의 상수(constant)인 것이다.

본디 노동이란 개념은 '법률적인 허구'에 불과하다. 프랑스의 노동법 학자인 쉬피오는 "노동을 계량화할 수 있거나 교환할 수 있는 재화로 간주하는 것은 허구"라고 말하면서 토지나 화폐처럼 노동은 "경제활동의 산물이 아니라 그것의 조건"이라고 주장한다.

> "그러나 그것은(노동_ 인용자) 자본주의의 도래를 위해서는 필수적인 허구였다. 부의 생산과 분배를 자유로운 거래 관계 위에 근거 짓기 위해서는 노동과 토지와 화폐가 마치 교환가능한 상품인 것처럼 취급할 수밖에 없다. 이러한 허구는 법에 의해서만 제도화될 수 있었으며, 노동법이 탄생하는 것은 바로 이와 같은 연유에서이다."**38**

법률적인 허구란 말은 그것이 가짜란 뜻이 아닐 것이다. 그것은 자본주의적 경제가 작동하기 위해 필수적이며 또한 그것을 통해 경제라는 것이 전개될 수 있다는 점에서, '현실적인' 허구

---

38 알랭 쉬피오, 『프랑스 노동법』, 박제성 옮김, 오래, 2011, 18쪽.

라고 말할 수 있다. 그런 점에서 노동이란 관념을 이데올로기라고 말하는 것은 전연 옳다. 노동권의 역사는 이런 점에서 노동의 기구한 역사를 밝혀준다.

노동을 할 수 있는 권리(*droit au travail*)로서의 노동권은 노동자라는 주체의 권리라는 뜻에서의 노동권 즉 노동의 권리(*droit du travail*)로 전환되어왔다. 노동을 할 수 있는 권리란 말이 낭만적인 무정부적 반자본주의자들이 몹시 기겁하는 관념이라는 것은 잘 알려진 일이다. 자기소외의 원천이자 자신의 욕망을 배반하는 훈육적인 삶의 세계인 노동을 높이 사고 심지어 노동자들이 그를 원할 것이라고 상상하는 것은 절대 허무맹랑한 일이라는 것이, 이들의 생각이다. 그러나 이는 노동권이란 개념에 대한 오해에서 비롯된 것에 불과할 뿐이다. 그런 점에서 그것은 노동권에서 노동의 권리로 노동권이 변경된 이후의 노동이란 개념에 부착된 관념적 내용에 대한 반발일 뿐이라고 말해도 좋을 것이다.

인권 혹은 시민권이란 개념이 말하는 권리는 누구의 권리일까. 과연 그 권리의 주체인 인간 혹은 시민이란 누구일까. 이런 물음은 이 개념의 피할 수 없는 운명이라 할 수 있을 것이다. 앞에서도 강조했듯이 근대 민주주의 혁명의 핵심적인 특성은 권리의 보편성을 선언한 것에 있다. 그것은 권리는 특수한 신분이나 자질에 따라 누릴 수 있는 것이 아니라 무조건적으로 모두에게 분배되어야 한다는 것을 골자로 한다. 그러나 자본주의 역사는 권리의 보편성은 언제나 불안정하거나 배반당할 수밖에 없고 누군가의 권리, 배타적인 권리로 한정되어 왔음을 말해준다. 아울러 이는 권리의 두 가지 내용 즉 자유와 평등이란 두 가지 항의 대립을 통해 드러나게 되었다.

자유 없는 평등은 없고 평등 없는 자유는 없다는 것이 인권과 시민권의 원리이지만, 우리는 역사적 경험을 통해 자유인가 평등인가란 문제가 서로를 배척하는 인연을 맺어 왔음을 알고 있다. 그래서 평등은 자유를 위협하고 자유는 평등을 파괴한다고 생각하는 것, 이야말로 우리의 상식적 견해에 가깝다고 할 것이다. 즉 우리는 자유롭거나 평등하지 않으며 평등하거나 자유롭지 않을 수밖에 없다는 것이다. 둘을 종합하는 것은 불가능하다는 것이 자유주의에 길들여진 우리에겐 피할 수 없는 상식이다.

사정이 그렇다면 인권과 시민권에 관한 주장들은 불가능한 이상을 선언하고 있는 것에 불과할 것일까. 자유롭게 자신의 부를 추구할 수 있는 개인의 권리와 누구나 양호한 삶의 수준을 누릴 수 있는 집단적인 권리 사이에서 권리는 언제나 분열될 수밖에 없는 것일까. 사업의 자유를 역설하는 자유주의와 부의 균등한 분배를 주장하는 사회주의라는 사적 소유와 집단적 소유라는 대립은 결국 인권, 시민권의 모순을 알려주는 것일까. 나아가 집단적 소유와 계획화된 경제가 처참한 실패로 끝난 지금 우리는 사적 소유의 최종적인 승리를 겸허하게 인정하고, 자유의 원리에 의해 조율되는 평등이라는 원리에 복종해야만 하는 것일까. 그러므로 우리는 겸손한 칸트주의자가 되어 인권과 시민권을 구체적으로 현실화할 수 없는 '규제적 이상'으로 받들고, 그것에 가깝도록 현실을 끊임없이 감시하고 비판하는 일에 머물러 있어야 할 것일까. 극단적으로 말하자면 우리는 인권위원회의 신중하고 끈질긴 감시와 조언에 귀 기울여야지, '노동자 국가' 따위를 부르짖는 터무니없는 주장은 배격해야 할까.

그러나 노동권을 참고할 때 우리는 인권과 시민권의 이상주의라고 할 만한 것, 혹은 아니 이율배반이라 차라리 부를 수 있을 만한 것을 해결할 수 있을 열쇠를 찾을 수 있을지 모른다. 많은 이들이 이야기하듯이 자유와 평등은 서로를 제약하는 것이 아니라 불가분한 것이라 할 수 있다.[39] 그러나 그렇게 이야기하기 위해 우리는 소유라는 쟁점을 해결해야 한다.

소유를 어떻게 정의하느냐에 따라 자유와 평등은 서로를 제약하는 것일 수도 있고 또는 반대로 서로 불가분한 것이 될 수도 있기 때문이다. 어쨌거나 모든 권리는 그 권리의 소유자를 전제하지 않을 수 없다. 권리를 가진 자가 없는 권리란 있을 수 없고, 권

---

39 아마 이를 집요하게 역설하는 대표적인 인물은 단연코 발리바르일 것이다. 자유평등(equaliberty)라는 신조어를 제안하며 자유-평등의 불가분성을 근대 정치의 근본적 문제설정으로 파악하는 그의 주장은 최근 그의 모든 저작을 관통하는 주제이기도 하다. 이러한 생각을 압축하는 글로 일단 다음의 글을 참조하라. 에티엔 발리바르, 「'인권'과 '시민권': 평등과 자유의 현대적 변증법」, 『인권의 정치와 성적 차이』, 윤소영 옮김, 공감, 2003.

리를 소유하기 위해 먼저 권리를 가진 자는 자신을 소유하고 있어야 한다. 그러므로 인권이든 시민권이든 그것은 권리를 가진 자로서 일단 먼저 자신을 소유하고 있어야 한다. 그렇기 때문에 소유할 수 있는 권리는 곧 한나 아렌트가 말한 것처럼 '권리를 가질 수 있는 권리'라고 말할 수도 있을 것이다. 그렇다면 소유란 무엇인가.

이를 설명하기 위해 우리는 개인적 소유와 사적 소유를 구분할 필요가 있다. 막상 이런 이야기를 들으면 이는 정치철학자들이나 씨름할 골치 아픈 쟁점처럼 들릴 듯하다. 그러나 꼭 그렇지만은 않다. 소유란 무엇인가란 쟁점 역시 노동이란 무엇인가란 쟁점과 다른 것이 아니기 때문이다. 노동권에서 노동의 권리로 전환하여 온 역사적 과정은 개인적 소유와 사적 소유의 차이가 확립된 과정과 다르지 않다. 노동권은 자유의 근거로서 스스로 자신의 노동으로부터 비롯된 결과를 영유할 수 있는 권리를 내세운다. 다시 말해 권리의 토대는 노동에 따른 결과를 개인적으로 소유한다는 것이다. 알다시피 우리는 살아가기 위해 활동하고 자신의 활동의 재료는 언제나 다른 이들에 의해 이미 만들어진 것으로서 주어진다. 그것이 물질적인 대상이든 아니면 언어나 지식이든 개인들의 활동이 결합되지 않은 채 주어지는 것은 어디에도 없다. 또한 역의 과정도 그러하다. 그런 점에서 개인적인 소유는 항시 이미 주어진 사회적인 소유를 취하고 다시 그것에 자신의 개인적 소유를 내보내는 과정을 뜻한다. 그런 점에서 개인적인 소유와 사회적 소유는 분리할 수 없다.

그러나 사적 소유로 관심을 옮기면 사정은 전연 다른 모습으로 돌변한다. 사적 소유는 사회적 소유와 양립할 수 없기 때문이다. 자본은 아무 제약 없이 활동할 수 있기 위해 개인적 소유를 파괴하고 그것을 사적 소유라는 배타적인 점유의 권리로 축소하지 않을 수 없다. 그러므로 노동권은 노동하는 자의 권리를 가리키기에 앞서 권리를 가질 수 있는 권리를 뜻한다. 그러나 여기에서 말하는 노동이 나치즘이 강제수용소에 내걸었다는 유명한 경구인 '노동이 너를 자유롭게 하리라'란 문구가 가리키는 그 노동이 아니라는 것은 두말할 나위 없다. 그것은 근면하고 자기절제적인 심성을 갖춘 인간이 되려면 체득하고 연마해야 할 규범으로서의 근로윤리가 가리키는 그런 노동은 아니다. 그리고 노동권에서 말하는 노동은 이와 다른 것이다.

노동권, 즉 노동할 수 있는 권리에서 말하는 노동이란 나는 일을 함으로써 나를 온전히 가질 수 있고 그리고 이로부터 나는 권리의 주인이 될 수 있다는 말이다. 그렇기 때문에 노동권은 단순히 취업의 권리를 뜻하는 것이 아니다. 이는 권리를 가진 개인이 될 수 있는 자격을 요구하는 것이다. 그것은 내가 인간 혹은 시민이 되기 위한 권리이고 당연히 정치적 권리의 바탕이 된다. 그리고 이러한 노동은 생계를 위해 어쩔 수 없이 자신의 임금소득을 취해야 하는 자본제적 상품생산의 노동이 아닐 것이다. 그것은 상품으로서의 노동이 아니라 권리의 기초로서의 노동이며 인간의 모든 활동을 망라하는 것이 될 것이다. 또 이런 노동이 상상하는 노동권의 세계에서 실업과 비정규직이란 부조리한 일이 될 것이다. 무엇보다 실업과 비정규직이 가리키는 것은 권리를 가질 자격이 없는 자, 인권이나 시민권을 누릴 자격에 미달한 자라는 것이지 않을 수 없기 때문이다.

노동을 통해 자신의 권리를 행사할 수 있는 조건을 마련한다고 한다면, 노동으로부터 배제된 자들은 인권과 시민권이란 위대한 선언이 배반된 결과라고 말할 수밖에 없다. 그러나 자본은 영속적인 실업과 빈곤을 통해서만 앞으로 나아갈 수 있다. 노동력상품이 차지하는 몫을 줄이고 잉여가치의 크기를 증대시키는 것을 통해서만 존립할 수 있는 자본에게 이는 불가피한 일이다. 마르크스의 유명한 분석을 참조하자면 자본주의에 고유한 인구법칙, 즉 광범한 산업예비군, 상대적 과잉인구를 통해서만 자본은 전진할 수 있다.

결국 자본이 존속하려면 그러한 노동권은 제거되거나 수정되어야 한다. 노동권은 인권과 시민권이 적용된 이차적이거나 하위 권리가 아니다. 그것은 인간과 시민이라는 추상적인 이름의 권리에 구체적인 낯을 부여한다. 노동의 자기 영유, 자기 자신의 소유라는 것을 통해 형성된 인간–시민이야말로 권리의 주체로서의 인간–시민이기 때문이다. 따라서 노동권은 인권과 시민권의 하위 집합이 아니라 거꾸로 인권과 시민권의 초석이라 할 수 있다. 결국 노동권을 제거하면 권리를 가질 수 있는 보편적인 인간, 권리를 가질 수 있는 인간도 제거하는 것이 된다. 그럼 인권/시민권과 노동권의 모순이라는 딜레마를 어떻게 해결할 수 있을까. 그 해결책은 오늘날 우리 모두 잘 알고 있듯이 노동이 아니라 소유라는 관념을 변형하는 것이다. 개인적 소유를 사적 소유로 전화시킴으로써, 인권의 토대인 노동을 상품으로서의 노동(력)으로 변형함으로써, 노동권은 권리의 기초로서의 노동을 제거하면 된다. 그리고 그 결과 자본은 인권과 시민권을 부정하지 않고서도 노동을 지배할 수 있는 가능성을 획득한다.

사적 소유는 개인적 소유와 사회적 소유 사이의 관계를 잘라낸다. 이미 언급했듯 자본은 노동 전체를 필요로 하지 않는다. 자본이 필요로 하는 것은 상품으로서의 노동일 뿐이기 때문이다. 따라서 노동의 권리란 인간 또는 시민으로서의 권리인 노동권과 달리 상품으로서의 노동, 노동력 상품이라는 상품으로 축소된 권리로 축소된다. 이때 소유의 원천이었던 노동은 상품으로서의 노동으로 탈바꿈된다. 노동이 상품으로서 자본에게 판매되었을 때 그것을 소유한 것은 노동하는 자가 아니라 자본이다. 이를 발리바르는 다음과 같이 요약한다.

"노동에 대한 권리(droit àu travail, 노동권)라는 질문은 '부르주아적 테제'의 승리에 의해 일단 해결되자 (사회주의 혁명들과 자본주의 세계에서의 그것들의 반향에 의해 그것이 다시 제기되기를 기다리면서) 노동의 권리(droit du travail)라는 훨씬 더 모호하고 더 일상적인 역사(전진과 후퇴로 점철된)를 개시했다. 즉 그의 노동력이 하나의 상품으로 매매되는 노동자가 '기업 내부의 시민'으로 인정받을 수는 없다고 하더라도 노동과정 그 자체 내부에서는 (그리고 그 조건들이 노동에 의존하는 한에 있어서 그의 생활 내부에서는) 다시 '인간'이 될 수 있게 하는, 강력한 투쟁들이 제거된 노동의 처분들(dispositions)의 역사 말이다. 근대적 민족국가가 개인적이며 집단적인 '사회적 권리들'을 자신의 구성 속에 편입시키고 집단적 협상 및 정치, 경제적 논쟁의 공간을 열어놓음으로써 사회적 국가가 됨에 따라 잠재적으로 승인하게 되었던 것은 노동자의 시민성, 또는 말하자면 시민 그 자체는 또한 노동자라는 사실이다. 어쨌든 결정적인 논점은 소유의 행사의 조건들의 규제 없이 시민성은 불가능하다고 선언한 것이 바로 국가라는 점이다. …… 이러한 '새로운 사회계약'이 그 명백한 불균등성들에도 불구하고 자유주의 체제들과 집단주의 체제들을 동시에 성격 지운다는 점을 알게 된다."[40]

40 에티엔 발리바르, 「'마르크스주의의 전화'의 전망: 인권의 정치와 정치의 탈소외」, 『알튀세르와 마르크스주의의 전화』, 윤소영 옮김, 1993, pp. 90 - 1.

자본주의는 개인적 소유를 사적 소유로 제한한다. 그러나 그 변화는 소유란 무엇인가를 둘러싼 논쟁의 결과는 아니다. 사정이 그렇다면 우리는 소유란 무엇인가를 둘러싼 법학자들 간의 논쟁에 귀 기울이는 것으로 충분하다. 그러나 개인적 소유에서 사적 소유로의 이행을 둘러싼 갈등은 노동과 권리를 어떻게 결합할 것인가의 문제이자, 인권 및 시민권과 자본의 지배를 어떻게 조정하여야 하는가의 문제에 다름 아니었다.

그러므로 이런 관점에서 바라볼 때, 사적 소유라는 관념의 승리는 '계급투쟁'의 효과라 말할 수 있다. 인용한 글에서 발리바르가 '부르주아적 테제의 승리'라고 말한 것이 바로 이를 가리킬 것이다. 부르주아적 테제란 노동은 상품이라는 법률적인 허구를 가리키는 다른 이름일 뿐이기 때문이다. 이 허구에 근거할 때, 노동과 권리의 관계는 노동하는 자의 권리, 즉 시장을 통해 자신의 노동력을 상품으로 판매함으로써 자본주의적 노동과정에 참여하게 된 자의 권리로 귀결된다. 노동은 권리의 기초가 아니라 노동자가 되어 고용된 자가 누릴 권리의 작은 부분으로 축소된다. 즉 인간-시민의 권리가 아니라 직업을 가진 자들의 권리로 제한되고 만다. 결국 노동은 사적 소유의 문제로 귀착된다. 노동은 노동력이라는 상품을 소유한 노동자들, 그러한 사적인 개인들이 누릴 권리가 되는 셈이다.

노동력 상품을 소유한 자들은 이제 새롭게 자신의 권리를 벼려내야 한다. 그들은 자신의 권리를 옹호하고 개선하기 위하여 투쟁한다. 상품이라는 법률적인 허구에 기반을 둔 것이라 할지라도 노동은 자신의 권리를 주장할 수 있다. 노동자가 상품으로 자신의 노동력을 임대하거나 혹은 판매할 뿐 자신의 노동을 소유하는 것은 아닐지라도, 그 상품을 제약 없이 착취할 수 있는 것은 아니다. 아무리 상품이라고 할지라도 그것은 어디까지나 권리가 수여된 인간이기도 하기 때문이다. 그리하여 살인적인 노동시간, 노동과정에서 재해를 입었거나 직업으로부터 퇴직한 이후의 생존과 같은 사안들에서 자신의 권리를 적극 제기할 수 있게 된다. 비록 이전의 노동권처럼 모든 인간 – 시민의 권리가 아니라 노동력 상품을 소유하고 그것을 처분하는 계약에 동의한 사적 소유의 주체의 권리일지라도 노동자는 어느 정도 권리를 보장받을 수 있었다.

그것이 바로 한국에서라면 노동3권, 즉 단결권, 단체교섭권, 단체행동권이고 그것을 보장하는 법률로서의 근로기준법, 노동조합 및 노동관계조정법, 노동위원회법에서 말하는 것이다. 노동권이 노동의 권리로 변화되었을 때 노동은 인간 – 시민의 권리의 원천은 더 이상 아닐지라도 제한된 시민으로서의 취업 노동자를 위한 권리의 토대가 되었다. 자본은 인권과 시민권을 자신의 버전으로 수정함으로써 그 역시 지지한다고 서명했던 인권과 시민권의 원리를 보존할 수 있었다. 마르크스가 이를 『자본』에서 "자유, 평등, 소유 그리고 벤담"이라는 구절로 조롱했다는 것은 유명한 일이다.[41]

"이 최초의 법률들에서(프랑스의 초기 노동법을 가리킨다_ 인용자) 이미 노동법은 노동시장에서 교환의 단기성을 넘어 인간 삶의 장기성과 세대의 지속을 고려할 것을 요구하였다. 이러한 관심은 산업재해에 관한 1898년의 법률 제정을 정당화시키는데, 이 법은 사용자의 무과실 책임을 인정함으로써 민사책임에 관한 프랑스 법 전체를 전복시키는 진앙이 되었으며 '보험사회(societe assurantielle)'라고 부를 수 있는 것의 출생증명서가 되었다. 직업적 위험에 직면한 연대의 사상은 여기서 힘을 잃지 않고 사회보험 제도들을 탄생시키고 사회보장법을 탄생시키면서 계속 자신의 존재를 천명하였다."[42]

---

[41] "노동력의 판매와 구매가 이뤄지는 유통[또는 상품교환]의 영역은 사실 천부인권의 진정한 낙원이었다. 이곳을 지배하는 것은 오로지 자유·평등·소유 그리고 벤담이다." K. 마르크스, 『자본론 1-1』, 강신준 옮김, 길, 2008, 261쪽. 여기에서 마르크스가 말하는 것은 자유, 평등, 소유라는 천부인권의 신조가 기만일 뿐이며, 그것은 벤담으로 대표되는 공리주의적 관념을 은폐하는 관념이라는 것이 아니다. 외려 그는 벤담을 추가함으로써 소급적으로 앞의 자유, 평등, 소유라는 세 가지 낱말이 전연 다른 의미로 채색된다는 점을 말한다. 물론 벤담이 추가될 수 있는 조건은 그것이 바로 상품교환의 세계, 노동이 상품이 되어버린 세계일 때이다. 따라서 '덧붙여진' 벤담은, 결국 사후적으로 노동을 상품으로 만들어내면서 자유, 평등, 소유라는 개념들을 새로운 사슬로 묶어낸다.

[42] 알랭 쉬피오, 『프랑스 노동법』, 박재성 옮김, 오래, 2011, 20쪽.

쉬피오는 방금 인용한 글에서 보험사회, 앞서 사용한 개념을 참조하자면 사회국가가 탄생하게 된 원인을 상품으로서의 노동에 본래적인 위험에서 찾는다. '노동시장에서의 교환의 단기성'이란 것은 상품을 가진 자, 즉 사적 소유의 세계에서 자신의 상품인 노동을 마음껏 주무를 수 있는 자본의 권리의 세계를 가리킨다. 산업재해란 임금 노동을 통해 생존할 수밖에 없는 노동자에게 죽음 선고와 같은 것이다. 그럴 때 그의 처지를 어떻게 대해야 할 것인가. 이는 그 무엇보다 중요한 문제이지 않을 수 없다. 그런 연유로 자본주의가 발전한 산업 국가에서 산업재해는 노동과 권리의 관계를 둘러싼 투쟁의 시금석이 되었던 것이다. 그러나 그것은 실업이란 쟁점에 견주면 사소한 문제일 것이다.

실업이라는
미스터리
-

자본의 손아귀에서 벗어난 노동, 아니 자본이 유기하거나 방치하고 있는 노동, 즉 우리가 실업이라고 부르는 노동 아닌 노동을 어떻게 이해해야 할까. 노동권이 일할 수 있는 권리를 통해 인간으로서의 권리를 천명한 바 있었다. 그러나 그것이 사적 소유란 준칙에 따라 노동의 권리로 축소되고 전환된 세계에서, 더 이상 노동일 수 없게 된 그 노동은 어떻게 살아가야 할까.

당연한 말이지만 이는 더 이상 자본의 소관사항이 아니다. 실업을 해결하기 위해 자본은 절대 스스로 나서지 않는다. 이때 나서는 것이 국가이다. 로장발롱은 어느 글에서 "'대중의 빈곤은 정부의 잘못 탓'이라는 생각은 정치적 근대성의 핵심적인 구성부분이자, 국가는 불확실성을 줄이고 안전을 도모해야 한다는 생각의 논리적 귀결"이라고 말한다.[43] 이때 우리는 국가는 자본을 대표한다는 믿음과 달리 국가는 자본의 무능을 해결하

---

[43] P. Rosanvallon, 앞의 글, p.69.

기 위해 존재한다는 조금 엉뚱한 생각과 마주치게 된다.[44] 흥미롭게도 로방발롱은 정치적 근대성의 핵심을 빈곤은 정부의 잘못 탓이라는 생각에서 찾는다. 그리고 국가의 일차적인 존립 근거를 안전에서 찾는다. 훗날 사회국가라고 부르게 될 국가의 기원을 그는 저 멀리 정치적 근대성을 창립한 프랑스혁명 그리고 그것의 전개 과정에서 찾는 것이다.

여기에서 우리는 그다지 깊이 생각해본 적이 없었을 국가의 특성을 발견하게 된다. 그것은 겉보기보다는 훨씬 의미심장하다. 우리는 국가를 생각할 때 (인민 혹은 시민의) 주권과 국가, 계급적 차이와 국가라는 짝을 떠올리고는 한다. 그러나 국가는 직접적으로 인민 – 시민이라는 주체 혹은 계급이라는 주체와 만나지 않는다. 엉뚱하게 들릴지 모르겠지만 국가가 상대하는 주체란 외려 실업자라고 가정하여 보자. 자본주의적 사회관계가 일반화되었다는 것은 자본주의적 임노동이 일반화되었다는 것을 가리킬 것이다. 그러나 이는 사회성원 대다수가 임금노동자가 되었다는 뜻은 아닐 것이다.

자본은 가능한 한 적은 수의 노동을 필요로 한다. 따라서 사회 성원 대다수가 임금 노동자가 되는 행운은 오지 않는다. 임금 노동은 노동자의 숫자를 가리키는 말이기도 하지만 노동력

---

[44] 이에 관한 가장 포괄적인 역사적 개요는 카스텔의 글을 통해 확인할 수 있을 것이다. Robert Castel, 앞의 책.

의 가치를 가리키는 것이기도 하다. 1백 명보다 50명만 고용할 수 있다면 혹은 1천만 원어치의 노동력보다는 5백만 원어치의 노동력만으로 생산할 수 있다면, 그것은 자본에게는 더없이 좋은 일이다. 그리고 자본은 이를 위해 할 수 있는 일이라면 모든 노력을 꾀한다.

그것은 노동의 생계비를 줄이기 위해 즉 임금을 떨어뜨리는 것일 수도 있고(수 세기 전 노동자 빵값을 떨어뜨리기 위한 곡물법 폐지에서부터 중국을 비롯한 3세계의 저임금 노동력이 만들어낸 상품으로 가득한 '월마트'를 통해 저임금을 유지하는 오늘날의 미국에 이르기까지), 과학기술을 활용하여 생산력을 끌어올리는 방법일 수도 있고, 아니면 한동안 유행했던 것처럼 고용을 유연화하여 임시·비정규·인턴직 등을 광범위하게 활용하는 것일 수도 있다. 혹은 자본이 언제나 기회만 닿는다면 선호하는 방법인 것처럼 노동시간 자체를 늘이는 방법을 쓸 수도 있다. 이 모두를 총동원할 때 나타나는 결과는 당연히 실업이다.

그렇지만 실업문제는 자본이 만들어낼 수는 있어도 해결은 할 수 없는 문제이다. 실업을 제거한다는 것은 곧 자본을 제거한다는 말과 같기 때문이다. 그러므로 완전고용이라는 신화로 화려하게 세례 받았던 북미와 서유럽 '사회국가'의 세계는 자본의 힘을 제한할 수 있었기 때문에 가능한 결과였다. 그러나 이런 세계는 이제 저물어가고 있는 듯 보인다. 아직도 부족하다는 듯이 민영화를 향해 치닫는 한국도 그렇고 긴축이란 이름으로 실업을 대량생산하고 있는 남유럽도 그렇듯이, 국가는 균형재정 또는 건전재정이라는 명목으로 채권자와 투기자본의 이익을 보장하려 애쓰라고 요구받는다. 그 결과는 자명하다. 실업을 제거하지는 않더라도 그것을 축소하는 것이 국가의 몫이라던 믿음은 무너지거나 자취를 감춘다. 그 대신 국가는 사회보장을 축소하고 공공부문의 구조조정을 통해 실업을 대량생산하는 데 앞장선다.

그러나 자본의 바깥으로 밀려난 노동을 방치하는 것은 자본에게도 불리한 일이다. 자본은 최적의 노동력이 준비되어 있기를 기대하기 때문이다. 그러므로 자본이 활동하기 위한 필연적인 조건이 국가이다. 국가는 자본의 바깥에서 자본이 가진 이해를 대표하기는커녕 태생적으로 자본주의적 사회를 구성하기 위해 함께 움직인다. 이를 간단히 말하자면 국가란 실업이 초래하는 빈곤 그리고 빈곤에서 유래한다고 사람들이 걱정하는 사회문제에 책임을 지도록 요구받는다. 우리가 실업문제라고 부르는 것을 국가는 사회문제라고 부르고 그것을 해결하기 위해 개입하지 않을 수 없다.

로장발롱이 말했던 정치적 근대성의 핵심이라 할 국가의 특성, 즉 빈곤과 실업을 해결함으로써 안전을 책임져야 하는 국가는, 이제 자취를 감추고 있는 것일까. 어쩌면 그럴지도 모른다. 지난 수십 년간 우리는 그러한 국가의 변신을 지켜보았기 때문이다. 국가는 실업자들이 밀집한 세계, 이를테면 미국의 빈곤한 흑인계 미국인 동네인 게토[45]나 프랑스의 미취업 아랍계 청소년들이 밀집해 살아가는 방리유[46], 그리고 살아있는 지옥 그 자체이자 인간 이하의 인간의 세계이자 쓰레기-인간의 세계로 알려진 남미의 빈민굴 파벨라 같은 곳을 언제나 주시한다.[47] 북미와 서유럽 자본주의가 영광의 시대라고 부르는 2차대전 이후의 30년의 시기 동안 우리는 게토에서의 흑인 폭동을 보았고, 신자유주의적 전환 이후 남미와 서유럽에서 빈민과 이주노동자의 폭동을 지켜보았다. 놀랍게도 한국사회에서 그런 실업자의 세계는 알려져 있지 않다. 그것은 고작해야 영화를 통해서나 희미하게 드러날 뿐이다. 그즈음 함께 개봉한 「설국열차」의 그늘에 가려 그다지 관심을 끌지 못한 「더 테러, 라이브」에서 우리는 버림받은 노동자의 원한을 스펙터클한 복수의 드라마로 본다. 그때 우리는 게토나 방리유, 파벨라 대신에 자신의 얼굴을 숨긴 채 세계를 향해 걷잡을 수 없는 분노와 원한을 드러내는 개인을 볼 뿐이다. 그러나 과연 우리에겐 게토나 방리유가 없는 것일까 물어보아야 마땅하다.

[45] 로익 바캉, 『가난을 엄벌하다』, 류재화 옮김, 시사IN북, 2010.

[46] 이기라 · 양창렬 외, 『공존의 기술: 방리유, 프랑스 공화주의의 이면』, 그린비, 2007.

[47] 마이크 데이비스, 『슬럼, 지구를 뒤덮다: 신자유주의 이후 세계 도시의 빈곤화』, 김정아 옮김, 돌베개, 2007.

어쨌든 사회문제라고 명명된 문제, 무엇보다 실업과 빈곤을 해결하기 위해 국가는 나선다. 그리고 나아가 국가는 실업과 결부된 사회문제들, 폭력, 범죄, 알코올중독, 심리적이고 문화적인 병리현상 따위를 해결하도록 종용받는다. 이 과정에서 그 문제를 해결할 답을 알고 있다고 자처하는 정치세력(대개는 극우 포퓰리즘 정치집단)이 부상한다. 그들은 인종적이고 종교적인 이유를 내세워 사회문제의 해결을 내세운다. 그들을 지지하는 세력은 알다시피 실업의 위험에 직면한 노동자들과 실업자들의 세계가 보여주는 끔찍한 풍경에 겁을 집어먹은 중산층들이다. 극우 국수주의 정치집단이나 포퓰리즘 정치세력이 기승을 부리는 이유를 설명하기 위해, 우리는 이를 문화적인 문제 혹은 사회병리적인 문제로 가늠하려는 시도를 거부해야 한다.[48] 그것은 다름 아니라 자본주의에 고유한 실업문제이기 때문이다. 방금 말했듯이 자본은 노동을 생산하지도 재생산하지

---

[48] 지나가며 말하자면, 유사 심리학적인 가설을 내세우면서 피로, 중독, 관계단절, 모욕이나 모멸감 같은 것을 세계의 해석 원리로 규정하는 주장에 대해 거리를 두어야 할 것이다. 이런 식의 문화비평은 자본주의의 보편성을 어물쩍한 추상적 보편성으로 환원한다. 그리고 자본주의적 사회관계를 통해 매개된 비판과 그 비판의 주체를 대신해 세계 외부에 선 타자를 저항의 주체로 상정한다. 이런 생각은 지젝이 '규정적 부정의 위기'라는 이름으로 서구 좌파의 흐름을 비판하는 것을 통해 잘 설명된다. 지젝은 프랑크푸르트학파 이래 규정적인 부정을 포기하고 '전적인 타자das ganz Andere'란 개념에 투항하며, 자본주의의 내재적 극복 대신에 외부의 타자를 통한 거부를 선택하게 된 좌파의 '부정'의 한계를 분

도 않는다. 만약 그렇다면 그것은 더 이상 자본이 아니다. 자본
이 관심을 가지는 노동력의 재생산이란 내일 다시 일하러 오는
노동자를 위해 지불하는 최저의 생계비일 뿐이다. 미래의 노동
을 위해 혹은 이제 시효를 다한 노동을 위해 자본이 신경을 쓴
다면 그는 자선사업가이거나 요즘 유행하는 말로 사회적 기업
가일 뿐이다.

　노동시장 안에서 수요와 공급에 따라 임금의 가격이 결정된
다고 믿을 때, 그때의 임금은 노동 자체와 아무 상관이 없는 것
이다. 임금이란 노동의 일부, 일터에서 일하고 내일 다시 직장
으로 나와야 하는 그 노동자의 생존을 위한 비용에 관해서만
말하고 있기 때문이다. 그러나 성장을 거쳐 공장 문턱에 이르
기까지의 노동, 임금을 받지 않게 된 노동처럼 알려지지 않은
노동을 어떻게 재생산할 것인가의 문제는 스스로 알아서 해결
해야 할 문제가 된다. 알다시피 이는 대개 당사자나 가족이 알
아서 해결하거나 국가가 나서서 해결해야 할 일이 된다. 국가
는 보육·교육·의료·주거 등의 정책을 통해 노동이 지속적으로
생산될 수 있도록 지원해야 하고, 전기·가스·교통·수도 등의
사회적 서비스를 저렴한 가격에 제공하여야 한다. 일터에서 밀

석한다. 그러나 이는 서구 좌파의 사례에 해당되지 않을 것이다. 한국에서 근년
범람하는 문화비평으로서의 사회비평이 취하는 짐짓 비판적인 어조 역시 그와
다르지 않을 것이기 때문이다. 슬라보예 지젝, 「규정적 부정의 위기」, 『잃어버린
대의를 옹호하며』, 박정수 옮김, 그린비, 2009, 503~568쪽.

려난 노동이 직면하는 위험은 실업 및 퇴직에 관련한 보험이나 연금으로 해결할 수 있다고 믿지만 이는 위태로운 운명에 처할 수밖에 없다. 자본이 자신의 본성을 마음껏 드러낼 수 있게 되었을 때 가차 없이 제거되어야 할 것 가운데 하나가 바로 이런 보장이기 때문이다.

'긴축'이란 이름으로 발전된 자본주의 국가에서 벌어지는 '개혁'은 모두 이를 겨냥하고 있다. 그리고 지난 정권과 현 정권 역시 특권을 제거한다는 명분으로 각종 연금을 개혁하는데 힘을 쏟고 있다. 안전이 사라진 세계에서 번창하는 불안의 분위기는 우리에게도 어김없이 전염된다. 우리 역시 덩달아 노령화 시대, 백 세 시대에 온갖 질병과 불안으로부터 어떻게 자신을 지킬 것이냐고 위협하는 보험업자들과 금융업자들의 공갈에 벌벌 떤다. 대부분의 가족이 어지간한 여유가 되면 여러 개의 보험에 가입하기를 능사로 여기며 다시 한 번 금융자본에게 뜯기는 딱한 사정을 되풀이해서 말할 필요는 없을 것이다.[49]

자본이 노동을 (재)생산할 수 없을 때, 국가는 그 역할을 떠맡을 수밖에 없다. 그것은 자본을 위한 것도 아니고 자본에 반하는 것도 아니다. 노동력을 안정적으로 재생산함은 물론 자본

---

[49] 한국은 국가별 GDP 순위로는 15위인데 GDP 대비 연간 납입보험료 비율은 12.1%로 세계 5위에 해당된다. 액수만으로 따지자면 1,393억 달러로 세계 8위다. 그리고 경제활동인구 중 64명 가운데 1명이 보험설계사이다. "보험 공화국", 「동아일보」, 2013년 9월 26일.

이 실업을 방치한 채 활동할 수 있도록 보장한다는 점에서 국가는 자본의 편처럼 보일 수도 있다. 그렇지만 실업과 빈곤을 해결하기 위해 자본에게 압력을 행사하고 공동의 기금을 조달하는 책임을 지우고 세금을 부과하는 등의 역할을 한다는 면에서 국가는 자본에 반할 수도 있다. 그러나 국가는 자본에 관하여 얼마나 자율적인가 하는 물음은 피상적인 것이다. 국가는 자본가들의 위원회가 될 수도 있고 노동과 자본의 대립을 중재하는 기관이 될 수도 있다. 국가는 전적으로 힘의 관계, 거칠게 말하자면 계급적인 힘 관계를 물질화하고 있을 뿐이다.[50]

앞 장에서 살펴보았듯이 자본주의에 내재적인 적대는 사회국가를 통해 잠정적으로 해결되거나 억압된 것처럼 보였다. 주권적인 인민만을 알고 있는 세계에서 시민 – 인민은 끊임없이 주권을 천명하며 불평등과 부자유를 선언하며 투쟁한다. 자본주의적 사회관계는 그런 분쟁에 끊임없이 시달리지 않을 수 없다. 사회국가는 불평등을 '사회문제'로 상징화한다. 불평등은 사회의 내재적인 법칙의 결과이고 그것은 일종의 이차적인 자연이다. 자연스러운 사회적 사실들을 예측하고 해결하기 위해 사회국가는 리스크와 안전(보장)의 관계를 계산하고 그를 위해 사회 내부의 모든 이들에게 보편적인 책임을 부과한다. 리스크란 용어로 인식되고 집계되는 사회적 사실을 해결하는 것은 안

---

50 니코스 풀란차스, 『국가, 권력, 사회주의』, 박병영 옮김, 백의, 1994.

전이나 보장의 몫이 되고 국가는 다양한 사회보장(보험, 연금 등)을 동원하여 이를 해결하고자 애썼던 것이다.

그러나 이미 언급하였듯이 국가는 실업 문제를 해결할 수 없다. 그렇다고 그것을 방치할 수도 없다. 국가는 언제나 실업 문제를 해결하라는 요구를 받으면서 또한 동시에 언제나 그것을 미해결의 상태로 놓을 수밖에 없다. 따라서 실업 문제는 자본주의가 존속하는 한, 제거할 수는 없고 기껏해야 일시적으로 완화시킬 수만 있는 것이다. 그러나 실업 문제는 역설적이게도 임금이나 근로조건 같은 사안과 달리 자본과 노동이 결코 성공적으로 중재할 수 없는 갈등이다.

우리가 흔히 생각하는 '노동 문제'는 임금이나 근로조건, 노동시간과 같은 문제들이다. 그러나 그것이 수요와 공급, 투자와 이윤 등의 문제로 생각되는 한 노동 문제가 아니다. 그것은 자본의 눈길을 통해 볼 때 단지 경제문제일 뿐이다. 노동은 거기에서 노동으로서 자신을 나타내는 것이 아니라 오직 자본의 편에서 자신을 재현할 뿐이다. 더 많은 임금을 올리기 위해 우리는 굳이 자본주의에 반대할 필요가 없다. 그렇지만 실업 문제에 이르면 사정은 달라진다. 실업을 제거하고 불안정한 고용을 제거하는 것은 비경제적인 문제이다. 이를 해결하기 위한 유일한 해법으로 가정되는 것은 오직 자본의 투자일 뿐이다. 물론 그것은 문제를 해결하기는커녕 더욱 악화시킬 따름이다.

얼핏 생각하면 실업과 빈곤은 경기 순환의 사정에 따라 달라지는 일시적이고 우연한 경제문제처럼 보일 수 있다. 아니면 자유주의 국가가 오랫동안 설득해 왔던 것처럼 사회문제로 볼 수도 있다. 그렇지만 그것은 실업의 원인을 결코 상대할 수 없다. 이는 실업을 '사회 현상'이라는 무대에 올려놓고 이해할 뿐이다. 그러므로 자본의 불가피한 효과로서의 실업, 자본이 스스로 운동하기 위해 영구적으로 의존해야 하는 실업을 이해할 수 있는 기회는 노동의 편에 설 때에만 가능하다. 이때문에 우리는 매우 기이한 논리에 이르게 된다.

자본 안에서 노동은 자신을 노동으로서 대표할 수 없다. 그것은 언제나 자본의 편에서 자신을 대표해야만 한다는 구조적인 왜곡으로부터 벗어날 수 없다. 실업은 노동이 없는, 노동의 바깥에 있는 삶을 가리킨다. 그러나 역설적이게도 노동이 자신을 대표할 수 있는 가능성은 노동이 없는 것처럼 보이는 지점, 즉 실업이라는 지점에 설 때, 찾을 수 있다. 되풀이해서 말하자면 노동이 없는 자리에서 노동은 자신을 대표할 수 있다는, 노동은 자신의 부재라는 조건 위에서 자신의 존재를 긍정할 수 있는 것이다. 그런 점에서 철학자들이 부정성의 변증법이라고 말하곤 하는 것의 탁월한 예를 찾는다면 이는 실업과 노동의 변증법이라 말하고 싶은 생각이 들 정도이다.

그럼 노동의 편에 설 때에 비로소 실업은 자신을 재현할 수 있으며 아울러 자신을 정치적으로 대표할 수 있다는 말은 무슨 뜻일까. 실업이 노동의 바깥에 있는 것으로 여겨질 때, 그것은 그저 비참한 삶의 상태에 불과할 것이다. 아울러 그것은 자신을 대표할 어떤 내용도 가지고 있지 않은 지리멸렬한 사회적 사실에 머물고 말 것이다. 이럴 때 실업문제란 환경 문제, 고령화 문제, 가정폭력 문제 같은 수많은 사회문제 가운데 하나에 불과한, 그렇지만 그에 연루된 사람들이 조금 많다는 이유로 조금 더 중요해진 문제일 뿐이게 된다.

가난의 시학에서
착취의 과학으로
노동권의 역설

-

이제 실업이란 쟁점으로부터 노동의 정치를 생각해야 한다. 노동이란 말보다 더 천덕꾸러기가 된 낱말도 없을 것이다. 노동이란 말을 입에서 되뇔 때, 그 말에서 울려 나오는 시큰하고 벅찬 느낌은 아마 지난 시대의 것이 되었을 것이다. 하물며 노동이 우리가 살아가는 세계를 조망하는 데 가장 중요한 열쇳말처럼 여겨질 만한 때임에도 말이다.

한 낱말이 정서적으로 쇠락한다는 것은 실은 많은 것을 말해 준다. 김지하의 "신 새벽 뒷골목에 남몰래 쓴다. 민주주의여 만세"란 시구에 나오는 '민주주의'란 낱말은 정치학 교과서에 나오는 평범한 용어가 아니었을 것이다. 민주주의란 말을 뇌면서 떨거나 전율했던 이들에게, 그것은 문자 그대로 하나의 사물과 같은 것이었을 것이다. 정신분석학자들은 분석을 받는 이들이 말을 의미를 운반하는 매체로 보는 것이 아니라 말하는 그들이 처한 곤경을 응축하는 사물인 것처럼 대한다고 말하고는 한다. 이는 서슬 푸른 군사독재 시대에 시인이 민주주의란 말을 대했을 때의 태도와 같은 것이었을 것이다. 그 시인에게 민주주의란 말은 마치 페티시처럼 전율할만한 흥분을 느끼게 했을 것이고 이는 그 시를 읽었던 독자들에게도 다르지 않았을 것이다. 그러므로 사전에서 낱말 뜻을 뒤지듯이 민주주의란 낱말이 무슨 의미를 갖는지 따지는 것으로는 충분하지 않은 것이다.

그럼 노동이란 말은 어떨까. 한때 노동이란 말 역시 그 못잖은 매력을 뿜어내는 낱말이었을 것이다. 1980년대 중반 박노해라는 노동자가 『노동의 새벽』이란 시집을 세상에 내놓았을 때, 사람들은 그 시집의 제목에 적잖이 놀라지 않을 수 없었다. 이유는 간단하였다. 그 시집은 노동이라는 낱말을 제목으로 내세웠기 때문이다. 그러나 놀라움의 원인은 노동이라는 진부하고 평범한 일상을 가리키는 말이 시집의 제목이 되었던 탓은 아니었을 것이다. 노동이란 낱말이 시의 세계에 침입했을 때 이는 시가 놓여있는 지평 자체를 뿌리부터 뒤흔드는 것이었기 때문이다.

시가 다루는 대상이나 소재 가운데 하나로 노동이 덧붙여졌다면 그것은 노동시라고 불러 충분하다. 그렇지만 노동이 시의 대상이 됨으로써 초래된 충격은 그로 인해 시가 바로 정치적이게 되었다는 점이다. 『노동의 새벽』에서 노동은 그저 세상사의 한 부분, 즉 객관적인 사태가 아니라 세상에 관한 시점의 차이를 낳는 대상으로 주관화된다. 노동은 바깥 세계에서 벌어지는 삶의 사태가 아니라 갑자기 내가 세상을 응시하는 입장으로 전환한다는 것이다. 그러니 그것은 주관화되는 것이다. 다시 말해 그것은 노동에 '관한' 시가 아니라 노동이란 대상을 통해 촉발된 새로운 '주체'의 시점을 표상하는 시가 된다. 그러나 지금 노동이란 말은 시쳇말이 되어버렸다. 그것은 아무 감응을 주지 않는다.

우리는 노동의 존재론이라고 부를만한 것으로부터 진보 정치가 벗어나야 한다는 주장을 꾸준히 들어왔다. 이런 주장들은 여러 갈래에서 비롯된다. 먼저 자본주의를 노동의 형이상학으로 이해하는 것에 대한 비판이 있다. 그들은 자본주의적 세계의 모든 현상의 근본적인 본질은 노동이라는 식으로 환원하는 것은 낡은 형이상학적인 발상일 뿐이라고 비난한다. 근원적인 본질을 가정하는 것 자체가 촌스럽고 시대착오적이라는 것이다. 나아가 노동을 모든 현상의 '초월적 기의', 최종적인 본질로 사고하는 한 우리는 실체론적 세계관에 가둠으로써 저항의 풍부한 다수성을 사고하지 못한다고 비아냥거린다.

그러나 노동의 존재론에 맞서 정체성에 기초한 차이의 정치, 존재자들의 풍요로운 내재적인 평면 위에서 정치를 사고하고 기획해야 한다는 주장을 선뜻 지지하기란 어려운 일이다. 그런 주장이 어떤 논리를 끄집어들인다 해도 결국 그것은 권리의 주체를 전제해야 한다. 그리고 그 주체란 인민 – 시민일 수밖에 없다. 그러나 그 인간 – 시민이 노동이란 범주와 관련 없이 존재할 수 없다는 것은 이미 말한 바 있다. 인간 – 시민이란 범주의 등

뒤에는 항시 노동이란 유령이 붙어 다닌다. 그것은 결코 제거할 수 없다. 따라서 노동 없는 인간 – 시민이란 것보다 더 형이상학적인 허구가 없을 것이다.

다른 한편 우리는 오직 정치적 공동체(cité, polity)와 권리의 주체만이 있는 정치학을 요구하며 노동 없는 '해방(emancipation)'의 정치를 강변하는 주장이 부쩍 관심을 얻고 있다는 것을 알고 있다.[51] 이를 주장하는 이들은 노동은 단순히 경제적 삶의 요구에 불과하고 그래서 그것은 현실의 차원에 머무르는 것이라고 간주한다. 그리고 이에 반해 정치는 현실의 차원이 아니라 현실을 형식화하는 거의 초월적인 논리의 차원에 속한다고 이들은 주장한다. 이들은 노동의 정치라는 현실 정치, 요구(claim)의 정치라는 것과 이를 형식화하고 제도화하는 본연의 정치, 진정한 정치, 해방의 정치, 지배에 반하는 정치를 구분하여야 한다고 주장한다. 평등은 굳이 노동이란 번거로운 대상을 경유하고, 노동하는 주체를 특권화하는 것이기에 미심쩍다는 것이다.

그들 역시 평등을 옹호한다. 그러나 그들이 생각하는 평등이란 착취와 그를 대신할 평등이 아니라 '시민 됨'의 자격이라는 문제를 둘러싼 평등이다. 특히나 사회국가에서처럼 포용을 하면서도 불평등을 생산하는 세계가 아니라 '배제'가 문제되는

---

51 내가 여기에서 염두에 두는 것은 랑시에르와 바디우, 라클라우 그리고 아감벤 같은 철학자들의 주장이다.

세계에서 평등은 더욱 그런 평등이 되어야 한다는 것이, 그들의 생각이다. 자신의 지위에서 영영 벗어날 길이 없어 보여 마치 특수한 정체성을 가진 자연스런 인구학적 집단처럼 보이기까지 하는 이들, 즉 비정규직, 구직 포기 상태의 절망적 실업자, 미등록 이주민, 슬럼 거주자 등은, 우리에게 불평등과의 투쟁이 아니라 배제와의 투쟁이 급선무임을 알려주는 것 아닌가. 결국 이들에게서 배제란 현실은 노동의 정치에 앞서 시민권의 정치가 우선시되어야 하는 이유를 제공한다.

알랭 쉬피오는 『필라델피아 정신』이란 저작에서 그다지 주목받지 못한 20세기의 한 장면을 부감하며, 노동권과 인권 – 시민권의 정치의 관계를 새롭게 환기시켜준 바 있다.[52] 그가 들려주는 이야기에서 흥미로운 점은 바로 2차대전이 끝난 이후 우리가 갖게 된 국제 인권 체제, 비록 그것이 공공연히 위반되고 침해되기는 했어도 형식적으로는 불가침의 규범으로 군림했던 「세계인권선언」의 잊혀진 출발점이 「필라델피아 선언」이었다는 것이다. 「필라델피아 선언」은 국제노동기구(ILO)의 목적에 관한 선언이었고, 이는 그 뒤에 제정될 「세계인권선언」의 예고편이었다. 노동권에 관한 선언인 「필라델피아 선언」이 유엔의 인권에 관한 보편적인 선언보다 앞섰다고 해서 노동권으로부

52 A. 쉬피오, 『필라델피아 정신: 시장 전체주의를 넘어 사회적 정의로』, 박제성 옮김, 한국노동연구원, 2012.

터 인권과 시민권이 비롯된다고 강변하는 것은 억지처럼 들릴지 모른다. 그러나 과연 그런 것일까. 우리는 인권과 시민권의 정치가 노동권의 정치를 통해 매개되어야만 함을 역설하는 하나의 사례로서 이를 생각할 수는 없는 것일까.

"모든 인간이 인종, 신앙, 성별과 상관없이 자유와 존엄과 경제적 안정 속에서 그리고 평등한 기회로써 자신의 물질적 진보와 정신적 발전을 추구할 권리"(「필라델피아 선언」, II장 a절)를 제창한 「필라델피아 선언」이, "노동은 상품이 아니다"란 구절로 시작했음을 상기할 필요가 있을 것이다.[53] 「필라델피아 선언」은 지금은 거의 믿기지 않을 문구로 시작한다. 그것은 "a) 노동은 상품이 아니다. b) 표현의 자유와 결사의 자유는 부단한 진보의 필수불가결한 조건이다. c) 일부의 빈곤은 전체의 번영을 위태롭게 한다. d) 결핍과의 투쟁은 각국에서 불굴의 의지로, 그리고 노동자 대표와 사용자 대표가 정부 대표와 동등한 지위에서 공동선의 증진을 위한 자유로운 토론과 민주적인 결정에 함께 참여하는 지속적이고도 협조적인 국제적 노력에 의해 수행돼야 한다."고 명시하며 선언을 개시한다.

그러나 「필라델피아 선언」은 우리와 그리 거리가 먼 주장이 아니다. 그것은 한국의 헌법에서도 반향 된다. 대한민국 헌법 제32조 1항에서는 "모든 국민은 근로의 권리를 가진다. 국가

---

53 이종훈 엮어 옮김, 『(세계를 바꾼) 연설과 선언』, 서해문집, 2006.

는 사회적·경제적 방법으로 근로자의 고용의 증진과 적정임금의 보장에 노력해야 하며, 법률이 정하는 바에 의하여 최저임금제를 시행해야 한다."고 못 박고 있다. 그렇다면 지금 우리는 헌법이 명시하고 있는 권리와는 거리가 먼 세계에 살고 있다. 물론 손쉽게 "헌법 따위는 아무 짝에 쓸모 없는 듣기 좋은 미사여구로 가득한 이상적인 말들의 창고일 뿐이야"라고 코웃음 칠 수도 있는 일이다. 그렇게 냉소하고 싶다면 1987년 이후 만들어졌다는 민주화 체제도 같이 냉소해야 한다. 헌법이 그저 죽은 말들의 무덤에 불과한 것이라면 민주화 따위는 할 필요도 없었을 것이다. 민주화는 새로운 헌법을 제정하는 일이자, 문자를 세우는 일에 다름 아니기 때문이다.

헌법을 통한 지배는 민주화가 이룩해야 할 가장 중요한 성과이다. 헌법을 변경함으로써 권리의 조건과 범위를 수정하는 것이야말로 민주화 그 자체였을 것이기 때문이다. 군사독재라는 것을 무너뜨리고 국민 주권에 따른 대통령 선출제와 적절한 의회제도의 개혁을 이루었다면, 그것은 헌법이 정치를 규제하는 규범으로서 마땅히 작용하기를 원했다는 말이기도 하다. 그러므로 법은 그저 말에 불과하다는 앞서 말한 냉소주의는 지난 시대 이룩한 민주화에 대해 허무적으로 코웃음 치는 것에 불과하다. 헌법이 아름다운 어휘들로 채워진 죽은 문서에 불과하다면 지난 시기 우리가 이룩했다고 믿는 민주화, 그것이 형식적인 민주화이든 무엇이든, 그것은 민주화와는 상관없다고 치부하는 것에 다름 아니다.

1987년 이후 우리는 민주화를 이루었지만 그것은 노동의 민주화가 결여된 흠결 있는 민주화이며 민주화를 지속적으로 재민주화해야 한다는 주장을 듣고는 한다. 그러나 이런 주장은 민주주의와 노동의 관계, 시민권 – 인권과 노동권이 맺는 관계를 오인하는 것처럼 보인다. 인권과 시민권이란, 노동권을 포함하는 방식으로 확장되어야 하는, 칸트적인 의미에서의 규제적 이상이 아니다. 인권 – 시민권이 마치 아무런 실정적(positive) 내용을 가지고 있지 않은 형식적 명령일 뿐이며 역사적 상황에 따라 그것에 내용을 채워넣어야 한다고 여길 수 있다면 그것은 사회적 관계 바깥에 있는 권리일 뿐이다. 그 때문에 자유주의자들은 권리라는 이름을 제한 없이 무한히 거의 모든 대상과 주체에 적용될 수 있는 이념인 양 너스레를 떤다. 무엇이든 권리의 가면을 쓰고 등장할 수 있는 권리의 낙원이 나타났을 때, 전적으로 이득을 보는 것은 부르주아적 권리이다. 우리는 분명 권리의 낙원에 살고 있는 듯이 보인다. 공교육을 거부하고 무력화할 수 있는 학습자 – 소비자의 권리, 파업이라는 노동자의 단결권을 제어하는 희대의 권리로 등장한 손해배상청구권 등만 떠올려도 좋을 것이다. 어디 그 뿐이겠는가. 정체성의 정치를 비롯한 소수자 '권리'와 같은 것은 인권 – 시민권은 실체가 없는 순수한 형식일 뿐이라는 믿음을 더욱 단단하게 만들어 주는 것처럼 보인다.

그러나 자본주의 '내에서', 인권과 시민권은 항상 노동의 권리, 노동의 대표를 통해 자신을 상징화할 수 있다. 앞서 말했듯이 권리를 '가질 수' 있는 주체가 없다면 권리란 말은 말장난에 불과하다. 노동과 소유란 무엇임을 규정함으로써 권리를 가진다는 것이 무엇인지 밝히지 못할 때, 권리란 법률적인 허깨비에 불과할 뿐이다. 그러므로 권리란 말에는 언제나 그 권리를 갖는 주체가 누구인가에 대한 규정이 포함되어 있다. 그렇지만 이런 소유의 주체를 누구로 볼 것인가, 소유를 개인적 소유로 볼 것인가 사적 소유로 볼 것인가의 문제는 권리의 정치를 가로지르는 근본적인 쟁점이었다. 그리고 그것을 쟁점이 되도록 한 계기는 자본주의적 상품생산 노동이었다. 노동을 참조하지 않은 채, 어떤 권리, 권리의 주체, 민주주의도 이야기할 수 없기 때문이다. 노동이 제거된 민주화란 말은 얼핏 듣기엔 설득력 있지만 공허한 도덕적 주장에 그칠 위험이 있다. 노동이 제거된 민주화란 처음부터 부조리한 말일 뿐이다.

이미 말했듯이 자본주의의 내적 모순을 제어하기 위해 등장했던 사회국가(복지국가)는 사회적 시민권이란 개념을 통해 인권–시민권을 새롭게 형식화하였다. 인권–시민권은 자본주의적 사회관계의 모순에 의해 채색되어 있다. 따라서 그것은 정의와 법을 말하기 위해 언제나 노동이라는 유령을 상대하지 않을 수 없다. 그리고 노동을 통해 매개된 민주주의의 전환, 인권–시민권의 제도화야말로 진정으로 민주주의의 재민주화란 이름에 부합하는 것이 될 수 있다.

한국사회에 대해서도 같은 것을 말할 수 있다. 한국에서의 민주화란 바로 그러한 사회적 시민권을 합당하게 규정하고 현실화하는 일이어야 하지 않았을까. 그러나 웬디 브라운이 말하듯이 우리는 민주주의의 재민주화는커녕 민주주의의 탈민주화라고 부를 만한 사태 속으로 휩쓸려 들어가고 있다.[54] 그 어떤 정치적 민주화도 그들이 말하는 경제의 민주화, 탈국가화, 규제완화 등의 이름에 의해 손쉽게 무효화되고 말았기 때문이다.

노동이 자신을 어떻게 대표하는가의 문제는, 사회의 한 부분인 노동이 어떻게 자신의 몫을 대표할 것인가의 문제로 축소할 수 없다. 노동의 (자기)대표란 이미 주어진 노동이 아니라 대표되어야 할 노동이 무엇인지를 규정하는 비판과 함께 하는 것이기 때문이다. 그렇기 때문에 우리 시대에 만연한 노동을 둘러싼 비참함과 불의를 고발하는 데 앞장서는 많은 분석들에 충분히 만족하기 어려운 것이다.

그런 분석들은 노동과정에서 노동자들이 겪는 감정적인 불안과 고통을 고발하고 불안정성에 대해 비난을 퍼붓는다. 노동이란 낱말 앞에 열정, 감정, 불안정 등의 접두어를 가져다 붙이며 노동이 처한 불행을 비판하는 것은 일터에서 이뤄지는 미시

---

54 Wendy Brown, *Edgework: Critical Essays on Knowledge and Politics*, Princeton, NJ: Princeton University Press, 2005.

적인 착취와 지배를 들춰내고 신종 노동 규율과 관리 테크닉이 노동자들을 어떻게 개인화하는지를 밝혀준다. 그렇지만 그러한 분석은 추상적 부정에 머물 위험이 크다. 앞서 말했듯 자본주의적 사회관계에 의해 매개된 그리고 그것의 내재적인 귀결로서 노동의 규정을 부정하는 것, '규정적 부정'에 이르지 않는 한, 그러한 비판은 신종 감정 사회학에 그치고 말 것이다. 울분과 비판의 파토스로 자본주의를 저주하는 것은 부정이 될 수 없다. 노동의 민주주의를 위해 필요한 것은 새로운 권리의 세계를 조망하는 것이다. 그렇지만 이미 보았듯 그러한 권리의 세계는 '사회적인 것'을 새롭게 조직하지 않는 한 불가능한 것이기도 하다.

『자본을 표상하기』란 제목을 단 최근 저작에서, 마르크스주의 문학이론가인 프레드릭 제임슨은 뜬금없이 마르크스의 『자본』이 정치에 관한 책도 노동에 관한 책도 아니라 실업에 관한 책이라고 주장한다. 그러나 엉뚱하고 괴팍하게 들리는 그의 이야기는 충분히 수긍할 만한 것이다. 실업은 자본의 자기운동의 부수적인 결과가 아니다. 그것은 자본이 버린 노동이자, 상품으로서의 노동이 언제나 직면하는 자기부정의 형태이다. 자본은 실업 없이 존재할 수 없다. 자본의 힘이 강해졌다는 것은 또한 그만큼 실업이 늘어난다는 것이다. 자본주의에서 최적의 고용상태란 말은 불가능하기 때문이다. 따라서 실업을 제거하기 위한 투쟁은 노동 일반의 투쟁이 된다. 실업을 방치한 상태에서 고용된 노동의 지위 역시 불안정할 수밖에 없다.

이런 점을 고려할 때 실업은 자본과 노동을 각각의 대칭적인 부분, 서로에게 불가결한 상호보조적인 부분으로 놓을 수 없음을 알려주는 형식적인 위치, 그 자체라고 할 수 있다. 따라서 실업은 자본과 노동이 영원히 서로와 관계를 맺을 수 없음을 보여준다. 과잉의 노동으로서 실업이 존재하는 한 고용 노동은 자신을 노동으로서 완결할 수 없다. 노동은 투명한 사회적 집단으로서도 사회적 사실로서도 자신을 규정할 수 없는 것이다. 이는 실업을 포함하지 않는 노동은 영원히 온전히 노동일 수 없다는 말이기도 하다. 이 대목에서 라캉식의 어법을 빌려 "성관계란 없다"란 말을 온전히 적용할 수 있는 또 다른 사례로서 "자본과 노동의 관계는 없다"는 것을 찾아볼 수 있을지도 모른다. 실업이야말로 그러한 관계의 불가능성을 가리키는 구조적인 과잉이라 할 수 있기 때문이다. 한편 그런 과잉을 담지하고 있기에 실업은 자본주의의 내적인 적대(의 증상)를 가리킨다고 말할 수 있다. 적대란 것이 자기 자신을 현실화하는 것을 불가능하도록 막는, 타자와의 관계를 엇나가도록 방해하는 구조적인 요인이라면, 실업은 바로 그것이라 할 수 있다.

따라서 마르크스가 쓴 『자본』이 자본의 운동법칙에 관한 책이 아니라 위기를 통해서만 존속할 수 있는 미친 시스템을 분석하는 책이라 할 수 있다면, 제임슨의 말처럼 그 책은 실업, 즉 자본주의의 영원한 부조화, 그것을 안정적인 질서로서 자리 잡지 못하도록 하는 과잉을 해명하기 위한 책이라고 말할 수 있을지 모른다. 그렇다면 그의 말처럼 『자본』이 실업에 관한 책이 아니라고 말할 이유도 없을 것이다. 노동 없이 인권과 시민권의 정치를 상상할 수 없다. 그렇지만 또한 실업을 배제한 노동의 정치 역시 절대 상상할 수 없는 것이다. 그러나 돌이켜보면 대개 우리는 오직 노동만을 말하며 민주주의를 말하지 않거나 오직 민주주의만을 말하며 노동은 말하지 않거나 한다. 그렇다면 이런 괴리를 어떻게 좁힐 수 있을까. 실업은 그저 경제적인 곤궁에 그치지 않는다. 그것은 인권—시민권의 정치 자체를 위태롭게 만드는 원인이 된다. 자본주의적 상품생산은 상품 소유자의 사적 소유를 언제나 우위에 둔다. 그리고 노동 역시 상품으로서의 노동력으로 제한된다. 그러나 그런 세계는 언제나 터무니없는 불평등과 착취에 시달리지 않을 수 없다. 이제 사라지고 있는 사회국가가 극복하려고 했던 것이 그것이었다. 그것은 연대의 다른 이름인 사회(Society)를 통해 고용된 노동자는 물론 실업자, 여성, 아동, 노년, 질병에 걸리거나 재해를 입은 자 등의 삶을 보호하였다.

그러나 이제 우리는 오직 시장에 입장할 수 있을 때, 즉 고용될 수 있을 때에만 그런 보호와 안전을 제공받는다는 데 익숙해져 가고 있다. 권리의 토대는 오직 시장을 통해 나오는 것이다. 그것이 인권과 시민권을 쇠퇴시키고 민주주의를 타락시키는 일이 아니라고 말할 수 없다. 그렇다면 실업은 사회문제도 아니고 노동문제도 아니다. 그것은 민주주의 자체의 문제이다. 그러므로 다시 노동의 정치가 돌아와야 한다. 민주주의로서의 정치가 돌아오기 위해서라면 말이다. 그러나 그것은 선결해야 할 문제를 해결하여야 한다. 그것은 바로 정치와 경제의 관계라는 문제이다. 다음 장에서는 이를 다룬다.

04

종합할 수 없는 두 가지, 정치와 경제

경제는 핵심영역이고 전투는 이곳에서 결정될 것이다.
우리는 세계화된 자본주의의 주문(呪文)을 깨야 한다.
하지만 개입은 경제적이 아니라 전적으로
정치적이어야 한다.[55]

자각적인 이성의 실현이라고 하는 개념은
바로 민중의 삶 속에서(In der Leben eines Volkes)
그의 완성된 실재성을 지닌다.[56]

55 슬라보예 지젝, 『혁명이 다가온다』, 이서원 옮김, 길, 2006, 157쪽.

56 헤겔, 『헤겔 정신현상학 입문』, 리차드 노만, 오영진 옮김, 한마당, 88쪽에서 재
인용.

정치와 경제
불가분한 것과 종합
-

한동안 한국의 사회과학자들이 입씨름을 벌인 쟁점을 기억할 것이다. 그것은 오늘날 우리가 살아가는 한국은 과연 어떤 체제냐는 것이었다. 그 토론이 얻고자 한 결론은 좌파정치가 자신을 자리매김해야 할 한국사회의 정체성은 무엇이냐는 것이었으리라. 알다시피 몇 가지 두드러진 주장이 있었다. 1987년체제론과 1997년체제론 같은 것이 그것이다. 어떤 이는 그에 더해 2013년체제라는 용어를 추가할지도 모를 일이다. 아무튼 이런 개념들은 비록 막연하기는 해도 한국사회가 처한 맥락을 총체적으로 그려보려 시도한다는 점에서 주의를 기울일 마땅한 가치가 있다.

1987년체제론은 말 그대로 1987년의 시민항쟁을 통해 한국사회가 전연 다른 모습으로 바뀌었음을 역설한다. 이는 대통령 직선제와 대의민주주의의 정착 그리고 뒤이은 광범한 시민사회 운동의 활약에 주목하면서 형식적인 민주주의가 한국사회의 정치 변동을 근본적으로 전환시켰음을 강조한다. 비록 그 과정에서 노동이 제대로 대표되지 못한다는 한계가 있으나 한국사회를 움직이는 일차적인 요인이 민주주의, 즉 정치라는 점을 힘주어 강조한다. 이런 생각에서 관건은 정치이다. 민주주의의 재민주화이든 아니면 민주주의의 정상화 혹은 급진화이든, 관건은 민주주의이고, 그것 안에 내장된 가능성을 십분 발휘할 수 있도록 하는 개혁·감시·통제가 바로 좌파정치가 할 일이다. 경제나 노동 역시 그러한 민주주의가 다루어야 할 하부정치의 한 부분이 된다. 그러므로 지난 2012년 대선에서 '경제 민주화' 같은 슬로건이 유행했던 것도 당연한 일이다.

한편 1997년체제론은 경제적 질서의 변화를 우선으로 꼽는다. 한때 유행했던 표현을 빌자면, "멍청아, 문제는 경제야"인 셈이다. 아니면 삼성반도체의 백혈병 문제를 다룬 영화 「또 하나의 약속」에서 진성반도체란 이름의 어느 기업 인사담당자가 냉소적으로 지껄이는 말처럼, "정치는 표면이고, 경제가 본질"인 셈인지도 모른다. 1997년체제론은 민주주의라는 정치적인 이상은 신자유주의적 자본주의로 변신하기 위해 경제가 자신의 권력을 은폐하고자 사용한 미끼일 뿐이라고 말한다. 민주주의? 그것은 돈을 통해 자신을 대표할 수 있는 기회를 말하는 것 아닌가. 그러므로 노동자의 마지막 항의 수단인 파업을 시민권으로 인정하기는커녕 경제적 득실에 따라 평가하며 마침내 손해배상가압류라는 사악한 법조항으로 질식시키는 민주주의가 이른바 민주주의란 것의 요체 아니던가. 자유? 그것은 자신이 원하는 일자리를 마음껏 골라 자신의 재능과 꿈을 실현할 수 있는 것처럼 떠들어대지만 일자리를 얻기 위해 가능한 삶의 모든 것을 포기해야 하는 희대의 부자유, 심지어는 얼굴의 표정과 말투, 상상의 방식까지 모두 자본의 요구에 맞추도록 종용하는 부자유, 그것을 가리키는 도착적인 이름 아니던가. 그렇다면 우리가 말하는 이 모든 변화는 실은 자본의 고삐 풀린 착취와 자유를 보장한 신자유주의적 전환에서 찾아야 할 것이다, 등. 결국 문제는 미쳐 날뛰는 자본주의적 경제 질서를 어떻게 제어하느냐 혹은 대체하느냐의 문제가 될 것이고, 좌파정치는 그 문제에 대처해야 한다, 운운.

그렇다면 우리는 1987년체제론과 1997년체제론 가운데 무엇이 옳은가를 두고 따지는 와중에 다시 한번 정치란 무엇인가란 기초적인 물음으로 되돌아오고야 말았음을 확인하게 된다. 정치란 '본연의 정치'로서의 정치, 민주주의로서의 정치를 다루는 일인가 아니면 정치의 진정한 핵심이자 숨겨진 비밀로서의 정치, 즉 경제적 사회관계의 변화를 위한 투쟁으로서의 정치인가. 다시 말하자면 '해방(emancipation)의 정치'로서의 정치인가 아니면 정치의 진정한 실질인 사회적 관계를 재구성하는 실천으로서의 '변혁(transformation)의 정치'인가.[57]

---

[57] 해방의 정치, 변혁의 정치는 발리바르가 "정치의 세 개념: 해방, 변혁, 시민인류"에서 제안한 서로 환원할 수 없는 근대 정치의 세 가지 형태의 모델에서 빌려 온 것이다. 에티엔 발리바르, 『대중들의 공포: 맑스 전과 후의 정치와 철학』, 최원·서관모 옮김, 도서출판b, 2007.

이런 물음은 물론 새삼스러운 것은 아니다. 1980년대의 운동권 출신 세대라면 걸핏하면 벌였던 허황되기까지 한 논쟁을 기억할 것이다. 정세분석이니 전술이니 하는 것을 두고 격한 토론을 벌이는 자리에서 사람들은 곧잘 상대를 경제주의나 정치주의, 우익 기회주의나 좌익 소아병 따위의 레테르를 갖다 붙이며 힐난하는 '사상투쟁'에 골몰하곤 했다. 물론 그런 딱지붙이기로 도모하려 했던 바는 간단하다. '당신은 경제적인 상태로부터 정치적 행위의 조건을 찾으려고 함으로써 급진적인 변화를 제지하는 기회주의적 핑계를 찾을 뿐이야. 당신의 진화주의는 변화를 가로막고 있다고!'이거나, '당신은 충분히 조건이 갖추어지지 않았는데도 모험적인 선택을 강요함으로써 패배를 자초하는 셈일 뿐이야. 문제는 과연 우리가 하려는 일이 충분히 객관적인가를 알아내는 것이라고!'

그러나 우리는 운동권 세대의 어쩌면 어처구니없어 보이기까지 하는 언쟁을 그저 치기로 폄훼해서는 안 될 것이다. 그것은 유치한 방식이긴 하지만 정치적 운동이라면 언제나 해결해야 할 쟁점, 즉 정치의 위상 혹은 정치의 존재론이라고 할 만한 것을 가늠하고자 하는 몸짓이었을지도 모를 일이기 때문이다. 그때나 지금이나 우리는 정치란 경제의 이면이거나 거울에 불과한가, 아니면 토대이든 실체이든 그 어떤 경제적 사회관계로 환원할 수 없는 자율적인 영역인가란 물음을 두고 다투고 있다. 물론 그에 답하기란 쉽지 않다. 민주주의는 자본주의로부터 환원할 수 없는 근본적인 틈새를 가지고 있다. 시민은 계급으로 환원할 수 없으며, 자유는 평등으로 해소할 수 없기 때문이다. 그러나 그 역도 마찬가지이다. 그렇다면 이 난문(難文)을 어떻게 풀 수 있을까. 이를테면 정치와 경제를 '종합'할 수 있는 묘책은 없을까. 그러나 종합이라는 유혹은 정치와 경제 모두를 손으로 움켜쥐는 일이기는커녕 두 가지 모두를 잃어버리는 일이 될 위험만 초래할 공산이 클지 모를 일이다.

경제문제를 직접적인 정치투쟁으로 옮겨놓는 순간 우리는 경제를 더 이상 자본주의적 사회관계로 보지 않는 위험에 빠진다. 이때 경제란 주어진 사태의 집합, 이미 우리에게 알려진 경제적 사실들의 꾸러미로서의 경제만을 가지게 된다. 유행하는 하이데거적인 어법을 빌자면 우리는 존재로서의 자본주의가 아니라 평범한 객관적 사실들의 세계, 즉 존재자로서의 경제를 가지게 될 것이다. 이는 정치의 경우에도 마찬가지가 될 것이다. 이제 우리는 우리가 살아가는 세계의 존재 방식을 결정하게 되는 행위로서의 정치 대신에 단순히 이미 주어진 경제적 이해를 각기 대표하는 사회집단 간의 경쟁과 합의를 다루는 것으로서의 정치를 가지게 될 것이다. 물론 이것이 자유주의적 대의민주주의를 정치의 유일한 형태로 인정하는 일로 귀결될 것임은 두말할 나위 없다. 결국 정치와 경제를 분리한다는 것은 불가능하다. 그러나 그렇다고 해서 둘을 종합할 수도 없다. 그럼 이러한 불가분성과 종합 불가능함의 모순을 어떻게 풀 수 있을까.

우리는 그 쟁점을 해결하여야 하는 일이 자본에 반하는 정치를 구축하기 위해 필수적인 작업이라 생각한다. 이 장에서 우리는 그 쟁점을 풀어보기 위한 몇 가지 논점을 제시하려 애써 볼 작정이다.

정치의
이율배반
-

사회주의 정치를 겨냥한 자유주의적 비판 가운데 가장 중요한 하나를 꼽자면 당연 폴 리쾨르의 「정치의 역설」이란 글일 것이다.[58] 이 글이 제법 큰 파장을 남겼고 여전히 근대 정치의 원리를 둘러싼 토론에서 자주 인용됨에도 불구하고, 우리에겐 크게 알려지지 않은 듯하다. 그러다 최근 들어 정치적인 것의 자율성이란 입장에 근거하여 좌파정치를 재구성하는 주장들이 부쩍 관심을 끌면서 그 글을 다시 들먹이는 것이 자주 눈에 띈다.[59] 정치철학자들은 이 글을 되새김질하면서 이미 현실사회주의가 붕괴되고 사회주의 정치를 향한 환멸과 이탈이 등장하기도 전에 선구적으로 사회주의 정치의 급소를 찌른 것으로 이 글의 가

---

[58] 폴 리쾨르, 「정치의 역설」, 『역사와 진리』, 박건택 옮김, 솔로몬, 2002.

[59] 그 가운데, 프랑스 정치철학 전통 안에서 이 글의 영향을 상세하게 논하는 글로는 일단 다음을 참조하면 좋을 듯하다. Oliver Marchart, *Post-foundational political thought: political difference in Nancy, Lefort, Badiou and Laclau*, Edinburgh: Edinburgh University Press, 2007, 2장.

치를 추커올리기도 한다. 그 글에서 리쾨르는 정치를 경제의 표출로서 간주하는 것, 정치의 자율적인 차원을 무시하는 것에 대하여 비판을 던진다. 헝가리 사태 이후, 그리고 무엇보다 흐루시초프의 스탈린주의적 개인숭배 비판의 비밀 연설이 있은 연후, 리쾨르의 논변은 시대의 정신을 압축하고 있을 뿐 아니라 돌이킬 수 없는 질문을 요약하는 것처럼 들렸을 것으로 짐작할 수 있다.[60]

그 질문이란 짐작할 수 있듯이 해방의 기획으로 출발한 혁명이 왜 전체주의적인 질서로 변질하였냐는 것이었다. 따라서 리쾨르는 만약 혁명의 변질을 어느 개인이나 정치적 당파의 우연한 역사적 실수로 변명하지 않으려면 기꺼이 그것을 깊은 사유의 대상으로 삼아야 한다고 요구한다. 혁명이 전제(專制)로 퇴락하게 된 이유를 우연한 역사적 사정 탓으로 돌리지 않으려면 그 필연성 혹은 적어도 가능성이라고 할 만한 것을 밝혀야 한다. 그리고 리쾨르는 이 과제에 부응하는 것 같았다.

그러나 훗날 우리가 마주치게 될 허무주의자들만큼 리쾨르는 너무 멀리 나가지는 않는다. 자코뱅주의에서 스탈린주의로 이어지는 전체주의의 계보를 추적하며 해방적 유토피아를 희구하는 모든 정치적인 기획 안에는 음산한 전체주의가 잠재하

---

60 니키타 세르게예비치 흐루시초프, 『개인숭배와 그 결과들에 대하여』, 박상철 옮김, 책세상, 2006.

고 있다고 주장하며 이를 집요하게 규탄하는 것이 우리 시대의 철학적 유행이다. 그러나 이런 자유주의자들의 합창과 달리 리쾨르는 신중한 모습을 보인다. 그는 근대 정치 내부에 '정치의 역설(paradox)'이라 부를 수 있는 것을 검출하고 이를 해결할 방편을 고심한다. 그는 근대 정치에 깃든 기원적인 역설 때문에 정치의 악이 초래된다고 말한다. 그가 말하는 역설이란 근대 국가의 이율배반 그 자체이다. 그의 생각은 짐작보다 단순하다. 국가를 경제적 사실의 표현으로 간주할 수 없다는 것이다. 그는 "인간의 정치적 실존은 경제적 기초를 갖는 변증법으로 축소될 수 없는 특수한 형태의 합리성을 발전시킨다."고 단언한다. 그런데 그 합리성으로부터 "정치적 악, 정치권력의 악"이라는 특수한 악이 나타난다고 말한다. 그리고 이를 "정치적인 것의 이중적이고 모순적인 기발함"이라고 말한다.[61]

그가 말하는 (근대) 정치의 이중성 혹은 모순이란 무엇일까. 그는 그것을 근대 세계에서 정치의 근본 문제인 국가 자체로부터 추적한다. 리쾨르는 근대 정치에서 국가는 이성 그 자체와 등치된다고 말한다. 그의 표현을 빌자면 국가는 '관념적인 실재'인 것이다. 이렇게 말할 수 있는 이유는 먼저 모두의 평등이라는 '이상'을 담고 있다는 점에서, 또 진리라고 말할 수 있는 어떤 이상을 통해서만 존재할 수 있다는 점에서 국가는 관념적

---

61 리쾨르, 앞의 글, 318쪽.

이다. 그리고 국가를 실재라고 말할 수 있는 점은 말 그대로 국가라는 형태로 물질화되어 현실에 존재하기 때문이다. 물론 그때의 국가란 베버식으로 말해 합법적인 폭력으로서 다양한 강제와 폭력의 장치를 거느린 기구의 총체이다. 다시 말해 국가는 군대, 경찰, 관료제 등을 거느린 거대한 장치이다. 그러나 바로 이 점에서 리쾨르는 정치의 특수한 악이 초래될 가능성을 찾는다. 물질적 힘으로서 군림하는 관념, 즉 이성이라고 자처하는 폭력의 횡포라는 악 말이다.

국가가 이성이 되어버린 근대 세계에서 어떤 일이 벌어질 수 있는가. 정치가 경제적인 현실의 기만적 표현이라는 마르크스의 생각에서 리쾨르는 정치의 악을 찾지 않는다. 외려 리쾨르는 정치 자체의 내적 역설 혹은 모순이 더 근본적이라고 역설한다. 그는 이를 "헌법과 군주, 법과 전횡의 분할은 모든 정치권력에 내부적인 모순"이라고 표현한다.[62] 정치와 정치 외적인 것 사이의 모순에 앞서, 정치 자체에 이미 기원적으로 모순이 있다는 것이다. 정치가 스스로 이성 혹은 공동체의 진리를 떠맡고 그것을 국가라는 형태로 현실화하는 한, 이성적인 힘으로서의 국가의 성격과 합법적 폭력을 독점한 권력으로서의 국가의 성격 사이의 모순은 제거할 수 없게 된다.

결국 국가는 보편성을 자처하지만 그것이 실제로 영향을 미

---

62 앞의 글, 332쪽.

치는 현실의 특수성과 언제나 대립될 수밖에 없다. 그리하여 정치는 언제나 악에 노출되어 있고 그것을 적나라하게 보여준 것이 구 동구권의 전체주의일 것이다. 얼추 말해 이런 논변이 리쾨르의 주장이라 할 수 있다. 그는 이를 "정치 '악(惡)'은 본래의 의미에서 위대성의 광기, 다시 말해서 위대한 것의 광기이다. - 권력의 위대성과 유죄성!"이라는 매력적인 문장으로 요약한다.

리쾨르는, 요즈막 흔히 듣게 되는 주장, 즉 이성 혹은 진리로서의 정치(정치의 자율성)를 사회의 관리로서의 정치를 구분하는 주장처럼, 정치를 이성과 진리의 차원에 놓는다. 그리고 이성 - 진리로서의 정치가 스스로를 배반하면서 초래하는 악, 이성 - 진리를 자임하면서 국가가 저지르게 되는 탈선을 고발한다. 그럼 국가가 물질적인 힘으로 전환함으로써 나타나는 잘못, 즉 전제의 위험을 어떻게 극복할 것인가. 리쾨르의 결론은 충분히 예상할 수 있는 것이다. 철학자가 폭군이 될 수 있다면, 여우가 사자로 돌변할 수 있다면, 진리가 교만하게 자신의 힘을 믿고 비 - 진리가 될 수 있다면, 그를 제어할 수 있는 지혜와 힘은 단 한 가지일 수밖에 없다. 그것은 자유이다. 이때의 자유란 구속으로부터의 자유라기보다는 진리의 여부를 논쟁할 수 있는 자유에 가까울 것이다. 그리하여 리쾨르는 "정치의 핵심문제가 바로 **자유**라는 것이다. 국가가 그 합리성을 통해 자유를 확립하든지, 아니면 자유가 그 저항을 통해 그 권력의 열정을 **제한**하든

지 말이다."라고 결론을 내린다.**63**

리쾨르의 논변에서 경제를 참조하지 않은 채 정치의 기하학을 구성하는 나무랄 데 없는 시도와 마주하게 된다. 그렇지만 그의 결론처럼 정치의 악을 제거할 수 있는 가능성은 자유일 뿐일까. 자유를 선택한 이후 동유럽이 결국 직면하게 된 빈곤과 착취의 자유, 인종청소의 자유, 종교적 근본주의의 광기의 자유 따위를 들먹이며 리쾨르에 대꾸하는 것은 잔인한 일일까. 전체주의적 폭정보다 결코 덜하지 않을 오늘날의 자유의 폭정을 고발할 수 있는 것, 그것은 이미 역사적 시험을 거친 자리에 선 자들의 특권에 불과한 것일까. 그러나 어떤 식으로든 손쉽게 리쾨르의 주장을 무시하기란 어려울 것이다. 경험적 사실을 들어 그의 주장을 부정하는 것은 비판이랄 것도 아니기 때문이다. 온전한 비판을 위해 우리는 리쾨르의 주장을 진지하게 받아들이고 그가 제기했던 문제를 해결할 방법을 찾아야 할 것이다.

그런데 정작 그럴라치면 사정은 훨씬 복잡한 것처럼 보인다. 먼저 우리는 리쾨르의 질문 자체가 아무런 의미가 없어 보이는 듯한 시대에 접어들었기 때문이다. 리쾨르는 정치를 관념적인 행위, 혹은 바디우 같은 철학자의 표현을 빌자면 이념적인 행위로 규정한다.**64** 그는 정치는 진리/비진리를 가늠하는 행위이고 그런 점에서 진리의 이름으로 어떤 행위도 정당화될 수 있기에

---

63 앞의 글, 346쪽(강조는 원문).

근대 정치에 특유한 정치의 악이 초래된다고 규정한다. 그러나 우리가 살아가는 세계가 이런 식의 주장을 들어줄지 의문이다. 신자유주의자들이 말하는 겸손한 실용주의는 진리로서의 정치를 거부하기 때문이다.

그들은 정치에 어떤 진실을 부과하는 시도도 부정되어야 한다고 역설한다. 그들의 눈으로 보기에 정치란 것이 떠맡아야 할 보편적 이상은 없으며 오직 주어진 사실의 세계 위에서 이해를 조정하는 협상의 게임만이 있을 뿐이다. 또한 정치를 비판하는 일은 정권 교체로 한정되어야 하며 정치가 따라야 할 기준이 있다면 그것은 부패하지 않고 청렴하며 공정한 통치가 이뤄지는지 여부를 감시할 수 있도록 하는 청렴함과 책무성(accountability)의 윤리일 뿐이라고 주장한다. 많은 이들이 이러한 정치를 정치 이후의 정치, 즉 포스트 – 정치(post–politics)라고 부르기도 한다. 그렇다면 리쾨르의 질문은 아예 제기될 가치조차 없는, 유효기한이 지난 것일 뿐이다.

그렇다면 리쾨르의 질문을 기각해야 할까. 그가 던진 질문을 계속 물고 늘어지면서 그에 관한 답을 찾으려 하는 시도는 무의미한 것일까. 그러나 우리는 그의 질문을 기꺼이 수용하고 또 여전히 답변되어야 할 질문으로 채택되어야 한다고 믿는다. 무

---

64 알랭 바디우, 「사르코지라는 이름이 뜻하는 것 : 공산주의적 가설」, 『뉴레프트리뷰 1』, 길, 2009.; 알랭 바디우, 『존재와 사건』, 조형준 옮김, 새물결, 2013.

엇보다 우리는 리쾨르의 주장이 시대착오적인 것이기는커녕 실용적 현실주의에 정치를 내맡겨야 한다고 분주히 떠들어대는 오늘날, 거꾸로 더욱 적실성을 갖는다고 말할 수 있다. 물론 그렇게 하려면 우리는 리쾨르의 주장을 보완할 필요가 있다. 그 것은 그가 말한 정치의 역설은 정치의 밝혀진 비밀이기는커녕 또 하나의 비밀을 숨기고 있다는 것이다. 실은 그가 발견하고 고발한 정치의 역설에는 한 겹 더 역설이 숨겨 있었다는 것이다. 리쾨르의 한계는 정치를 이성과 진리라는 관념(적 실재)의 차원으로 환원한 데 있지 않다. 실은 그런 논리에는 아무런 오류가 없다. 다만 그가 미처 간파하지 못한 것은 바로 어떻게 하여 정치가 그런 이성 – 진리의 문제로 환원될 수 있었냐는 것이다. 이때 우리는 그가 자신이 정치를 사유하기 위해 '두 제곱된' 사유를 하여야 한다는 점을 간과했다고 비판해야 한다.

두 제곱된 사고란 프레드릭 제임슨이 마르크스주의의 변증법적 사유를 가리키려 만들어낸 표현이다. 그는 "변증법적 사유란 두 제곱된 사고, 즉 사유 자체에 대한 사고로서, 정신은 대상이 되는 자료뿐만 아니라 자신의 사고 과정도" 사유의 대상으로 취해야 한다고 말한다.[65]

이를 리쾨르에게 또한 적용해 볼 수 있지 않을까 싶다. 리쾨르가 생각한 것처럼 정치는 완전히 자율적이다. 정치는 어떤 외

---

[65] 프레드릭 제임슨, 『맑스주의와 형식』, 여홍상 · 김영희 옮김, 창비, 2014, 68쪽.

적 규정 없이 스스로의 장 안에서 이성과 진리의 이름으로 스스로를 조직할 수 있다. 그렇기 때문에 정치는 경제를 번역하거나 표현하지 않는다. 그러나 바로 그런 식으로 정치를 반성할 수 있도록 만들어주는 작인이 경제라면 어떨까. 경제는 정치의 내용도 아니고 정치의 실체도 아니다. 정치 내부에서 경제의 흔적을 찾는 것은 경제를 전적으로 오해하는 것이다. 경제는 정치가 자신의 대상을 가지고 자율적인 원리에 따라 움직일 수 있도록 규정하도록 한다는 이유에서 정치를 규정한다.

경제가 정치를 결정한다는 것은 결국 경제가 정치의 궁극적 대상이라는 말이 아니다. 정치는 '사고된' 경제, '반영된' 경제가 아니다. 제임슨의 표현을 빌자면 그것은 한 번만 제곱한 것이다. 여기에서 우리는 또 한 번 제곱해야 한다. 경제는 직접 정치를 결정하지 않는다. 외려 정치가 스스로의 대상을 갖도록 함으로서 정치를 결정한다. 따라서 정치의 비밀은 정치 자체의 가면을 벗기는 것이 아니라 정치가 자신의 비밀을 갖는 것처럼 보이게끔 만드는, 정치 자체의 차원에서 찾아볼 수 없는, 다른 곳에 숨겨진 비밀을 풀어야 하는 것이다.

그런 비밀을 풀어낼 수 있을 때 우리는 정치란 순전한 형식에 속하고 그것의 실질적 내용은 경제에서 찾아야 한다는 식의 아둔한 경제주의에 빠지지 않을 수 있다. 그러면서도 동시에 경제에 의한 결정을 부정하지 않을 수 있는 가능성을 확보할 수 있게 된다. 앞서 말한 것을 떠올리자면 경제와 정치를 종합할 수

있는 제3의 자리를 찾고자 애쓰지 않으면서, 즉 둘 사이의 불가
분성을 인정하면서 동시에 양자의 전치(轉置)라는 것을 이해할
수 있는 길, 그것을 찾아내야 하는 것이다.

전경(前景)과 배경(背景)
-

위의 그림은 우리가 흔히 마주할 수 있는 눈속임 그림 가운데 하나이다. 이 그림은 어느 시점에서 보느냐에 따라 다른 이미지로 보인다. 그림의 흰색에 유의하여 보면, 이 그림은 영락없이 꽃병 그림이다. 그렇지만 검은색을 주목하면 이 그림은 서로 마주보는 두 사람의 얼굴을 그린 그림이 된다. 그런데 얄궂은 것은 꽃병과 사람의 얼굴을 동시에 볼 수 없다는 것이다. 우리는 꽃병을 보거나 아니면 사람의 얼굴, 두 가지 가운데 하나만을 볼 수 있을 뿐이다. 이를 형태심리학에서는 형상(figure)과 배경(background)이라고 부른다. 이것은 사람들이 어떤 대상을 지각할 때 어떤 부분을 반드시 분리해서 보며 이를 통해 어떤 부분은 형상이 되고 다른 부분은 배경으로 물러난다는 것을 말해준다.[66] 그런데 이 그림은 자본주의에서 정치와 경제의 관계를 지각하는 데 따르는 배리(背理)를 잘 요약해주는 것처럼 보이기도 한다. 지젝 같은 이는 자본주의에서 정치와 경제의 관계를 곧잘 이 그림에 빗대어 설명하곤 한다. 이를테면 이런 식이다.

> "사람들은 꽃병의 두 측면을 보거나 한 사람의 얼굴을 볼 뿐 두 가지를 다 보지는 못한다. 사람들은 선택해야 한다. 동일한 방식에서 사람들은 정치적인 것에 집중하여 경제적인 영역을 경험적인 '상품의 공급'으로 축소하거나 혹은 경제에 집중하여 정치를 상황의 무대, 스쳐지나가는 현상으로 축소한다. 그리하여 후자의 경우 정치는 '인민의 통치'가 '사물의 통치' 속으로 사라져버린다고 이미 엥겔스가 말한 것처럼, 발전된 공산주의 (혹은 전문

66 다니엘 챈들러, 『미디어기호학』, 강인규 옮김, 소명출판, 2006, 248쪽.

관리자) 사회가 도래하며 사라져 버린다."[67]

　여기에서 지젝은 방금 본대로 두 가지를 동시에 볼 수 없는 곤란을 이야기한다. 그렇기 때문에 우리가 빠져들고 마는 유혹, 위의 그림에서 얼굴만을 보거나 꽃병만을 볼 수밖에 없다는 것처럼, 우리는 경제로부터 정치를 도출하거나 아니면 정치로부터 경제를 제거하는 것과 같은 유혹에 굴복하게 된다고 말한다. 그렇다면 우리는 경제와 정치를 동시에 시야에 놓을 수는 없을까. 아니 경제 아니면 정치라는 두 가지 가운데 하나를 고를 수밖에 없는 것이라면 경제적인 영역에서의 투쟁과 정치 고유의 영역에서의 투쟁 사이의 구분을 순순히 인정하고 어느 하나를 다른 것으로 대체할 때 비롯되는 오류를 피하며 각각의 영역에서 최선을 다하는 것으로 충분하지 않을까.

　경제 자체로부터 정치의 모든 원인을 발견하려 함으로써 착취적인 경제질서를 폐지하면 곧 더 이상 정치는 불필요해지고 마침내 국가는 소멸하게 될 것이라는 주장을 수긍할 수 있다. 혹은 반대로 오직 정치는 법적 평등과 권리의 보장과 실행에 그치지 않고 자본주의적 사회관계를 작동시키는 조건 그 자체라는 주장 역시 인정할 수 있다. 두 가지 주장은 모두 옳게 들린다. 그럼 이 상반된 주장들은 매개될 수 없을까. 과연 어떻게 둘을

---

67 슬라보예 지젝, 『혁명이 다가온다』, 이서원 옮김, 길, 2006, 153~4쪽.

함께 사고하면서 자본주의에서 벗어나는 정치를 생각할 수 있을까. 이에 대해 물음을 제기한 지젝 스스로로부터 답을 찾자면 이럴 것이다.

> "만약 라캉에게 성적 연관이 없다면, 엄격한 의미의 마르크스주의에는 경제와 정치의 연관성이 없다. 어떠한 '메타언어'로도 동일한 중립적 시점에서 두 수준을 파악할 수 없고, 오히려 그 **때문에** 이 수준은 풀 수 없이 얽혀 있다. '정치적' 계급투쟁은 경제의 한 가운데(『자본론』 제**3**권의 마지막 구절을 상기하라. 그곳에서 갑자기 텍스트가 중단된 뒤 계급투쟁이 다루어진다)에서 일어난다. 반면 동시에 경제 영역은 정치 투쟁을 풀어내는 열쇠가 된다. 이 불가능한 연관 구조가 뫼비우스의 띠를 닮은 것은 놀랍지 않다. 첫 번째로 우리는 정치적 상황에서 경제적 하부구조로 전진하여야 한다. 그리고 두 번째로 우리는 경제의 심장부에서 되돌릴 수 없는 정치 투쟁의 차원에 직면해야 한다." **68**

이때 지젝의 결론은 기대와 달리 적잖이 싱겁고 단순하다. 즉 둘을 어느 하나로 환원할 수 없지만, 그 둘의 연관을 잊지 않고,

---

68 앞의 글, 155~156쪽(강조는 원문).

두 영역 모두에서의 싸움을 감행하자는 것이다. 그럼 우리는 곧 하나의 영역이 다른 영역과 교차하는 지점에 운 좋게 당도할 수 있다는 것이다. 그렇다면 그는 어느 하나도 포기하지 않은 채, 두 곳의 전선에서 모두 투쟁하여야 한다는 하나 마나 한 싱거운 답변을 늘어놓고 있는 것일까. 아마 그렇지 않을 것이다.

우리는 전경과 배경을 동시에 볼 수 없다. 어느 하나를 보기 위해 다른 것은 배경으로 물러나야만 한다. 그런 시점(視點)의 한계는 정치에서 피할 수 없는 것이다. 메타지점에 이를 수 있는 가능성은 없는 것이다. 그렇다면 두 영역에서 싸우면서 동시에 이를 단락(短絡)시킬 수 있도록 싸운다는 것은 어떻게 가능한 것인가. 이 질문의 답에 좀 더 가까이 가기 위해 지젝의 생각을 보충하는 것처럼 보이는 제임슨의 생각을 참조해도 좋을 듯싶다.

"확실한 것은, 마치 성이 프로이트의 정신분석을 특징짓기에 만족스러운 용어가 될 수 없다는 점이다. 경제학 또한 마르크스주의를 특징짓기에 만족스러운 용어가 될 수 없다는 점이다. 정신분석학은 성애학erotics이 아니며 성적 치료의 형식도 아니다. 정신분석이 성적인 측면을 궁극적이고 결정적인 심급으로 삼는 것으로 묘사된다면, 그것은 사실 단순한 인상만으로 뭉뚱그려 일반화한 정신분석일 뿐이다. 프로이트 제자들이 정신분석을 순전히 성에 관한 경험적 추문으로 격하하고 리비도를 그리 특별할 것 없는 형이상학적 영역이나 실존적 영역의 힘 또는 정신성으로 일반화하는 정식을 향해 나가려는 것을 감지했을 때마다 - 예를 들어 잘 알려졌다시피 아들러, 융, 랑크의 경우가 그러했는데 - 프로이트는 자신이 원래 구성했던 대상에 대해 날카롭고 거의 본능적이라고까지 할 수 있을 초점과 경계를 고수하며 이론적으로 물러났다. 이것은 사실 우리가 프로이트에게서 발견할 수 있는 가장 존경스러우며 영웅적인 계기들인데, 이는 또한 그가 자신의 발견과 관점에 대해 가장 고집스럽게 믿음을 고수했던 계기들이기도 하다. 따라서 우리는 성이 프로이트주의의 중심이라고 긍정적으로 말할 순 없지만 성이라는 사실로부터 후퇴하는 것은 일종의 수정주의를 열어젖히는 일이라고 말할 수 있다. 이는 프로이트 자신이 언제나 재빠르고 기민하게 비판하고 비난해 마지않았던 것이다."[69]

〈레닌과 수정주의〉란 제목이 붙은 인용문이 나오는 글에서 제임슨은 정신분석학과 마르크스주의를 동일한 구조를 가진 지식으로 비교한다. 이때 그가 둘을 동일한 종류의 지식으로 보

---

69 프레드릭 제임슨, 『레닌 재장전: 진리의 정치를 향하여』, 슬라보예 지젝 · 알랭 바디우 외, 이현우 · 이재원 외 옮김, 마티, 2010, 115쪽.

는 이유는 정신분석학과 성애학(erotics)의 관계가 역사유물론(혹은 정치경제학비판)이 경제학과 맺는 관계와 비슷하기 때문이다. 제임슨은 프로이트주의에 늘 따라다니던 비난을 피하기 위해 변절한 프로이트의 제자들과 프로이트를 대조한다. 인간의 심리적 삶 전체를 성이라는 보편적인 원인으로 환원하는 범성주의(汎性主義)라는 추문을 피하려 이탈했던 프로이트의 제자—이는 마르크스주의를 범경제주의란 이름으로 환멸하며 떠났던 마르크스주의자들에게서도 동일한 모습으로 반복된다—와 달리 프로이트는 꿋꿋이 성에 따른 결정을 부정하지 않았다는 것이다. 그렇다면 프로이트는 결국 문명의 모든 현상을 성으로 환원하는 범성주의를 고수했다는 것일까. 제임슨은 결코 그렇지 않다고 말한다. 성을 경험적인 사실들로서 이해하는 한 그에 관한 지식은 그저 성애학에 불과하다. 상품을 욕구를 충족시키는 대상으로 이해하고 그것의 심미적, 정신적 가치를 거론하는 것은 평범한 경제학 혹은 상품학, 마케팅 담론에 불과한 것처럼 말이다.[70] 마르크스에게 상품은 그것이 화폐로 나아가 자본으로 전환하는 한에서의 상품, 즉 가치로서의 상품이자 사회적 관계로서의 상품이다. 그것은 상품의 생김새, 쓸모, 그것을 사용하는 방법 따위와 관련된 것이 아니라 적대적인 사회관계에서 노동생산물이 우리에게 '나타나는' 방식에 대한 것이다.[71]

---

[70] 데이비드 하비, 『맑스 자본 강의』, 강신준 옮김, 창비, 2011.

정신분석학도 역시 그럴 것이다. 만족스러운 성생활을 위한 실용적 해법을 전달하는 객관적 지식이라면 정신분석학은 기껏해야 그저 그렇고 그런 '힐링' 심리요법의 과학에 머물 것이다. 더 심하게 말한다면 요가나 기체조, 단전호흡만도 못한 아니 요즘의 '신경전달물질'의 과학이 가져다주는 만큼의 쓸모도 없을 것이다. 그렇다면 정신분석학에서의 성이란 무엇인가. 이것은 마르크스주의에서 잉여가치 혹은 계급투쟁이란 무엇인가란 물음과 같을 것이다. 잉여가치는 이윤과 다른 것이라고 말할 때, 그것은 잉여가치는 사물이 아니라는 말과 다르지 않다. 잉여가치가 이윤이라면 생산된 상품의 전체 가치 가운데 노동자의 지불되지 않은 노동력의 가치를 체화하고 있는 상품의 크기라고 말하면, 즉 추가적인 사물이라고 말하면 충분할 것이다. 그렇지만 마르크스는 끈질기게 그와 같은 생각을 비판한다. 잉여가치는 사물이 아니라 바로 사회적 관계 그 자체이기 때문이다.

다시 말해 잉여가치는 계급적인 착취, 혹은 계급투쟁의 다른 이름이라 할 수 있다. 잉여가치는 어떤 추가적인 크기의 양이 아니다. 그것은 공장 안팎에서 노동자의 일하는 방식을 결정

---

71 물론 우리는 자본주의 비판이란 이름으로 이러한 종류의 담론이 성행하는 모습을 목격한다. 그러나 물상화된 상품 세계가 어떻게 진정한 삶의 가치와 관계를 망각하고 훼손시키는지를 고발하는 수많은 비난이야말로 우리 시대의 가장 흔해빠진 경제결정론이라 할 수 있을 것이다.

하고 전반적인 생활양식을 조정하는 원인이다. 이것은 성이란 것이 이러저러한 신체의 생리적인 활동이 아닌 것과 같은 것이다. 제아무리 성을 무엇이라 구체적인 실정적인 대상(신경, 심리, 생리적 운동 등)으로 환원하려 해도 성은 그런 사실적 실체를 초과한다. 마치 자본주의에서 인간과 자연의 보편적인 물질 대사를 수행하는 노동이 자본주의적 상품생산 노동이란 형태로만 존재하게 되듯이. 동물과 인간을 가르는 구분선 가운데 하나가 자연적인 운명의 몸짓으로서의 교미와 달리 독특한 성적인 욕동에 의해서만 가능한 섹스로 분리되었다면, 이때의 섹스는 더 이상 자연도 아니고 사실도 아닐 것이다. 섹스 안에 깃든 성적 환상과 행위는 바로 그런 사회적 관계를 통해 매개된 것일 뿐이다.

에티엔 발리바르가 "이윤 분석을 잉여가치 분석에 종속"시켜야 한다고 말하며 강조하는 것 역시 그러한 것이다.[72] 그는 (정치)경제학과 마르크스의 정치경제학비판(혹은 역사적 유물론)을 구분하면서, 경제학으로는 자본주의의 역사적 전화에 관한 이론, 즉 자본주의 이후의 세계에 관한 비전을 가질 수 없다고 지적한다. 그리고 그런 지식은 "이윤의 전화의 결과와 그 표상의 역사(특히 개별자본의 재생산이라는 새로운 역사적 차원으로서의 자본제적 회계의 적응이 제기하는 기술적, 이론적 문

---

[72] 에티엔 발리바르, 『역사유물론 연구』, 이해민 옮김, 푸른산, 1989, 194쪽.

제의 역사)밖에 갖지 않는다."고 역설한다.[73] 여기에서 발리바르가 이윤과 잉여가치, 경제학과 경제학 비판을 구별하는 것은 성을 생리적인 본능과 인간의 심적 생활을 규정하는 근본적인 갈등으로 보는 성애학과 정신분석학 사이의 차이와 다르지 않을 것이다. 정치경제학은 오직 이윤의 관점에서 바라본 회계학만을 가질 뿐이고, 자본-토지-노동으로부터 각기 이윤(이자), 지대, 임금이 나온다는 '성삼위일체'의 조화로운 영구적인 질서만을 응시한다.[74]

그렇기 때문에 자본의 관점에서는 오직 회계학으로서의 정치경제학이 있을 뿐인 셈이다. 자본에게 경제란 곧 재무제표에 나오는 이윤의 문제이고 그것에 영향을 미치는 지출과 소비의 문제일 뿐이기 때문이다. 그런 점에서 상품학이나 회계학의 오류는 정치경제학 비판을 통해서 고쳐질 수 있는 것이 아니다. 마르크스가 해방의 경제학일 수 없는 이유도 그때문이다. 그는 경제적 분석을 통해 정치의 열쇠를 찾으려 하지 않는다. 아

---

73 앞의 글, 195쪽.

74 마르크스의 정치경제학 비판이 바로 물신주의 비판인 이유도 그때문이다. 사회적 관계를 사물 그 자체의 속성으로 인식하는 것, 이러한 전도된 표상이야말로 자본주의의 핵심적인 특성이기 때문이다. 마르크스는 이를 "자본주의적 생산양식이 사회적 관계[즉 부의 소재적 요소들이 생산담당자의 역할을 수행하는 사회적 관계]를 이들 물적 존재 자체의 속성으로 전화시켜버리는 (화폐) 바로 그 신비화하는 성격"이라고 말한다. K. 마르크스, 『자본 III-2』, 강신준 옮김, 길, 2010, 1103쪽.

니 보다 강하게 말하자면 왜 그럴 수 없는지에 관해 말할 뿐이다. 많은 이들이 자본주의의 한계는 자본주의 그 자체라는 마르크스의 말을 강조하고는 한다. 자본의 한계는 노동(의 저항)이 아니라 그 자체의 내적 모순이라는 것이다. 그 말은 자본주의가 잉여가치의 착취를 통해 조직되는 사회적 관계라는 말에 다름 아니다. 자본은 잉여가치의 생산·실현·분배의 모순들을 해결하기 위해 끊임없이 자신을 변화시켜야 한다. 물론 그 변화는 노동과 맺는 관계를 폭력적으로 혹은 평화적으로 변화시키는 것과 다르지 않다. 그 위에서 우리는 항상 복잡하고 예상할 수 없는 구체적이고 현실적인 모순에 직면하게 된다. 여기에서 우리는 경제에서 빠져나온 적대적 모순이 정치라는 곳에서 자신을 드러내는 과정과 마주하게 된다. 그리고 바로 이 문제를 어떻게 이해할 것인가에 따라 상이한 정치적 경향이 출현하게 된다.

방금 인용한 글에서 제임슨은 자본주의 비판을 위한 정치에 있어 혁명적 정치와 수정주의의 차이를 구분하는 것이 무엇인지를 규정하고자 한다. 이를 위해 그는 난데없이 정신분석학을 참조한다. 정신분석학에서의 수정주의란 무엇인가. 그는 그것이 성의 일차성을 부인하는 것이라고 말한다. 그렇다면 좌파정치에서의 수정주의란 무엇일까. 당연히 경제의 일차성을 부인하는 것에 해당될 것이다. 그것은 심적 갈등과 좌절의 기원을 성에서 찾으려는 스승의 거북한 주장에서 벗어나 심적 현상의 기원을 형이상학적이거나 정신주의적인 것에서 찾으려 물러난 정신분석의 '수정주의자'처럼, 좌파정치에서의 수정주의는 "자본주의에 대한 논쟁을 자유에 대한 논쟁으로, 경제적 착취에 대한 논쟁을 정치적 대표에 대한 논쟁으로 뒤바꾸는" 것이다.[75]

그러면서 제임슨은 거의 동시대의 개종한 마르크스주의자들이라면 경악할만한 주장을 태연스레 제시한다. 마르크스주의가 정치의 자율성에 관한 이론, 나아가 정치 자체에 관한 이론이 없었다는 점이 "마르크스주의 자체의 힘이자 독창성"이며, "권력의 수사학"이야말로 "수정주의의 근본적 형태로 간주되어야 한다."는 것이다. 자본주의의 분석은 권력에 관한 분석이어야 한다는 수많은 정치철학자들의 주장(푸코의 지식/권력, 규율권력, 생명관리권력에서부터 들뢰즈의 통제사회, 아감벤의 예외상태론에 이르기까지 숱한 급진 정치이론은 되풀이해서 권력을 말하지 않는가)에 대해 수정주의자라는 비난을 마다하지 않는 제임슨의 몸짓은 무모해 보이기까지 한다. 그렇지만 그의 무모함은 그가 외려 가장 강인하게 사유한다는 점을 반증해준다.

그렇다면 제임슨은 정치를 경제로 환원하자는 것일까. 물론 그가 그런 터무니없는 주장을 할 리 만무하다. 그 역시 지젝과 거의 동일한 어조로 자본주의적 경제와 사회계급 및 계급투쟁

---

75 제임슨, 앞의 글.

이라는 것을 종합할 수 없음을 강조한다. 그는 그 두 가지가 "어떤 메타언어를 통해서도 상관되지 않는 방식으로, 그러나 또한 끊임없이 하나의 언어에서 다른 언어로의 번역(translation) – 나는 트랜스코딩(transcoding)이라고까지 말하고 싶은데 – 을 필요로 하는 방식으로" 존재한다고 생각하는 탓이다.[76] 지젝이 전경과 배경으로 분리되어 어느 한 가지밖에 볼 수 없는 그림을 두고 말하는 것처럼 제임슨 역시 경제의 언어와 계급투쟁(정치)의 언어를 동시에 말할 수 있는 메타언어란 불가능하다고 말한다. 그럼에도 불구하고 제임슨은 여전히 경제의 일차성을 강조한다. 이때 그의 이상한 논리를 어떻게 이해해야 할까. 그는 경제가 일차적이며 모든 것을 규정한다고 말한다. 그렇지만 동시에 서슴없이 정치가 경제를 결정한다고 말한다. 그것을 그저 상호규정한다고 말하거나 때에 따라 둘 가운데 하나가 다른 하나를 결정한다고 말하지 않고, 고집스럽게 경제가 일차적이라고 말해야 하는 까닭은 무엇일까.

이는 자본주의를 비판하는 정치를 생각하고자 했던 이들을 혼란스럽게 만들었던 쟁점이었다. 이 쟁점에 답하고자 했던 시도 가운데 가장 악명 높은 것은 단연 알튀세르의 주장일 것이다. 그것은 지금은 반쯤 파문당하거나 망각된 '부재하는 원인(absent cause)'으로서의 적대(계급투쟁)라는 수수께끼 같은 표

---

[76] 앞의 글, 114쪽.

현으로 요약된다.[77] 얼핏 듣기에 부재하는 원인이라는 말은 말장난 같이 들린다. 존재하지 않는 원인을 '있다'란 용어로 가리키는 것은 무슨 엉뚱한 짓인가. 원인과 결과를 말하면서 원인이 '없다'고 말하는 것은 불가능하다. 어떤 당구공을 움직이는 다른 당구공의 충격이 있었다면 당구공의 운동의 원인을 손쉽게 분별할 수 있다(알튀세르가 기계적 인과성이라고 부르는 것). 또는 모든 것이 신의 뜻에 따른 섭리라고 말하거나 세계를 대상화하는 인간 정신에 의해 문명의 기본방향이 예정되었다고 말할 때처럼 모든 것을 하나의 완결된 전체로서 인식할 수 있도록 하는 특정한 기원적 지점을 원인으로 생각할 수도 있다(역시 알튀세르가 표현적 인과성이라고 부른 것). 그렇지만 그러한 인과성이 상상하는 원인과 다른 원인이란 것이 있다면, 과연 그것은 무엇이란 말일까.

먼저 우리는 원인이 구체적이고 경험적인 어떤 대상이 아니라고 생각한다면 원인이란 무엇인가라는 물음을 조금 달리 생각해 볼 여지를 갖게 된다. 이것은 바로 앞서 제임슨이 정신분석학과 성애학의 구분을 경제학과 역사유물론의 구분과 대조

---

[77] 프레드릭 제임슨이 알튀세르의 부재하는 원인이라는 관념에 준거하여 문학 텍스트를 독해하는 마르크스주의적 문학비평을 개척했다는 것은 당연한 일인지도 모른다. Fredric Jameson, *The political unconscious: narrative as a socially symbolic act*, Ithaca: Cornell University Press, 1981.

하면서 은연중에 시도한 것이기도 하다. 정신분석학과 역사유물론이 서로 닮은 구석이 있다면 그것은 인과성을 생각하는 방식이 서로 비슷하다는 것이다. 나타난 효과를 통해서만 알려지고, 그것의 있음을 소급적으로 추정할 수 있는 어떤 요인, 그 가상의 요인을 가리키기 위해 알튀세르는 부재하는 원인이란 개념을 제시하였다. 그가 생각하는 인과성, 즉 구조 인과성(structural causality)이라고 부르는 그 인과성은 경험적이고 직접적으로 주어진 어떤 사태나 대상이 아니라 다른 어떤 원인을 상정한다.

라캉과 같은 정신분석학자는 정신분석학에서 프로이트가 우리의 심적 현상에서 성이라는 부재하는 원인을 발견한 것을 설명할 때 똑같이 부재하는 원인이란 개념을 사용하였다. 우리는 성을 특수한 심적 에너지라고 정의하는 이상으로 나아갈 수 없다. 그것을 어떤 객관적이고 경험적인 무엇으로 규정하려는 순간 어쩔 수 없이 우리는 심리학이나 뇌 과학, 뉴에이지 같은 담론으로 빠져든다. 실은 범성주의라고 할 만한 환원론은 이런 사이비 심리과학의 편에 있지 정신분석학의 것은 아니다. 정신분석학은 우리의 모든 심적인 혼란과 좌절(불안, 강박, 분열증 따위)을 성으로 환원하지 않는다. 그것은 부재하는 원인으로서, 분석을 받는 이가 자신의 모든 문제의 발단이라고 생각한 무대(부모의 첫 성교를 목격하는 무대 등)와는 다른 무대(another scene)에서 은밀하게 그의 심적 질서를 규정하는 원인으로서 작동한다.

이는 경제라는 원인의 경우에 있어서도 다르지 않다. 우리는 경제의 일차성이라는 것을 경제라는 사회의 한 영역이 다른 사회 영역들, 이를테면 정치나 문화를 결정하는 차원으로 생각해서는 안 될 것이다. 경제가 자신을 독특한 규칙을 가진 질서로 나타낸다는 것은 경제가 자신을 마치 자율적인 실체인 양 나타낸다는 것을 말한다. 이런 일이 실현될 수 있는 조건은 오직 자본주의의 적대적 사회관계, 즉 노동을 착취함으로만 자신을 자율적인 운동으로써 제시할 수 있다는 것을 부정하는 한에서 가능한 일이다. 그러므로 경제를 경제로서 나타낼 수 있는 조건은 경제를 경제화하는 것, 즉 착취적인 사회관계를 사물의 세계에서 나타나는 자율적인 법칙으로서 전환하는 것이다. 이때 우리는 경제가 경제로서 스스로를 나타내기 위해, 즉 경제가 그것을 주어진 경험적으로 주어진 사실적인 대상으로 규정하려 할 때 어떤 조작이 개입하게 된다는 것을 알 수 있다. 그것은 경제의 근본적인 비밀이라 할 수 있는 것, 적대적인 사회관계, 계급투쟁을 억압하고 제거함으로써다. 그러므로 경제는 실은 정치적인 것과 정치를 구분하도록 만들어주는 진정한 원인이라 할 수 있다.

이런 연유로 알튀세르는 전체(whole)와 총체(totality)를 구별할 것을 요구한다. 그리고 헤겔이 총체를 주장했다면 바로 그것을 전체란 범주로 전환한 것이 마르크스의 결정적인 차이라고 말한다.[78] 실은 이 두 개념 사이의 차이를 설명하는 것은 그의 평생의 목표라고 생각할 수 있을 만큼 중요한 문제이다. "최종 심급, 구조화된 전체, 과잉결정, 모순을 불균등성" 같은 명제들은[79] 실은 바로 이를 설명하기 위해 제안된 것들이라 불러도 좋을 것이다. 총체와 전체의 차이는 무엇일까. 이를 우리는 총체란 중심과 기원을 갖는 반면 전체란 탈중심성과 불균등성 그리고 원인을 갖는다고 말할 수 있을 것이다.

그러나 이는 너무 어렵게 들린다. 총체와 전체의 차이를 설명할 수 있는 효과적인 방식은 앞서 말한 표현을 빌자면 자본의 한계는 자기 자신인 것처럼, 자신을 총체화할 수 없는 자본의 한계를 전체라는 개념으로 나타낼 수 있을지도 모른다. 우리는 경제는 정치를 결정한다고 기꺼이 말할 수 있다. 경제는 근본적으로 모순에 의해 시달리기 때문에, 자신을 온전히 총체로서 완결하

---

[78] "마르크스가 사회를 하나의 지배 속에 구조화된 복잡적인 전체로서 생각했던 반면 헤겔은 그것을 하나의 총체(totalité) 사고했음을 이야기함으로써 그들 간의 차이를 드러낼 수 있으리라고 믿었다. 나에게는 …… 헤겔에게는 총체성의 범주가 있는 반면, 맑스에게는 전체라는 범주가 있는 것으로 보인다.", 루이 알튀세르, 『아미엥에서의 주장』, 김동수 옮김, 솔, 1991, 149~50쪽.

[79] 앞의 글, 155쪽. 알튀세르의 마르크스주의에서 이 개념들이 차지하는 의의와 그것이 초래한 난점에 대해서는 발리바르의 주석을 참조할 수 있다. E. Balibar, Structural causality, overdetermination, and antagonism, *Postmodern Materialism and the Future of Marxist Theory*, A. Callari & D. F. Ruccio eds. Hanover: Wesleyan University Press, 1996.

지 못하기 때문에, 그것은 자신의 모순을 해결하기 위해 끊임없이 자신을 정치로서 표현해야 한다는 것이다. 이를 지젝은 이렇게 풀이하기도 한다.

> "'정치'는 경제가 자기 자신과 취하는 거리에 대한 이름이다. 정치 공간은 부재원인으로서의 경제를 전체 사회의 원인 중의 하나인 '대립적 규정' 속의 경제와 분리시키는 간극에 의해 생긴다. 경제가 '전부는 아니기' 때문에, 즉 '무력'하고 무감각적인 유사 원인이기 때문에 정치가 존재하는 것이다. 그래서 경제적인 것은 여기서 정확히 라캉이 말한 실재의 의미로 이중적이다. 그것은 다른 투쟁들 속에서 전치와 다른 형태의 왜곡을 통해 '표현되는' 단단한 중핵인 동시에 이러한 왜곡을 구조화하는 원리 그 자체다."[80]

여기에서 지젝은 정치와 경제를 두 개의 부분 사이의 관계로 나누는 것이 아니라 경제의 자기이중화라는 것을 통해 규정한다. 정치는 별개의 대상이 아니라 경제의 자기차이화 그 자체라는 것이다. 경제를 대립적인 규정이라고 말할 때 그가 염두에 둔 것이 그것이다. 이를테면 우리는 마르크스가 말하는 노동

---

[80] 슬라보예 지젝, 『멈춰라, 생각하라』, 주성우 옮김, 와이즈베리, 2012, 60~61쪽.

의 대립적인 규정이란 표현을 잘 알고 있다. 그가 노동의 대립적 규정이라 말하는 것은 구체적이고 유용한 노동과 가치를 생산하는 추상적인 노동이란 것이 자본주의적 상품생산 노동에 공존한다는 것이다. 이를 간단히 설명하면 이럴 것이다. 우리는 미싱을 돌리거나, 계산대에서 수납을 하거나, 용접을 하는 등의 구체적이고 다양한 일을 한다. 실은 현실에 있는 노동이란 그런 구체적인 노동일뿐이다.

그렇지만 자본에게서 유일하게 문제가 되는 노동은 단지 잉여가치를 낳는 무차별적인 노동일 뿐이다. 그것을 추상적 노동이라고 부를 수 있다. 그리고 추상적 노동이 있기에 앞서의 구체적이고 다양한 일들 역시 만들어지고 사라지는 것이다. 대립적 규정이란 개념은 마르크스의 사고 속에 끈질기게 남아있는 헤겔 철학의 흔적처럼 보인다. 그렇지만 그가 그 개념을 애용한 데는 그만한 이유가 있을 것이다. 이는 그 개념이 자본주의의 적대적 모순을 이해하는 열쇠를 제공해주기 때문이다.

지젝은 이런 대립적 규정을 경제에 대입한다. 먼저 자본주의적 사회관계를 결정하는 경제가 있다. 그렇지만 우리는 동시에 흔히 현실경제, 경제현상이라고 부르는 경제도 역시 가지고 있다. 그런 점에서 경제는 두 가지 대립적인 규정의 결합이다. 지젝은 이런 대립적 규정 사이의 차이, 두 가지 경제 사이의 간극이 정치를 낳는다고 말한다. 그리고 이로부터 지젝은 '전부는 아닌' 다시 말해 그것을 완결적인 총체로 닫아버리지 못하게 하는 적대, 모순(=경제)으로 인해 정치가 등장하게 된다고 말한다. 그러므로 우리는 정치는 경제적 대립을 표현하는 것이 아니라 경제의 불가능성을 해결하기 위해 경제가 계속 작동하기 위해 정치를 발생시키게 된다는 결론에 이르게 된다. 결국 경제가 자신을 이중화(적대적 관계이기 때문에 안정된 질서를 갖춘 대상이 될 수 없는 경제와 현실경제라고 말할 때의 실제적인 경제적 사실들의 세계로서의 경제)하는 것이다. 이런 생각은 들뢰즈에게서도 찾아볼 수 있다.

들뢰즈는 『차이와 반복』에서 이렇게 말한다. "'경제적인 것(the economic)'은 사회적 변증법 자체이다. 다시 말해 한 주어진 사회에 제기된 문제들의 총체 혹은 그 사회에 대한 종합적이고 문제설정적인 장이다. 엄밀히 말해 오직 경제적인 사회문제들이 있을 뿐이다. 해법들이 법률적, 정치적, 이데올로기적일 수도 있고 또 그 문제들이 이러한 해결가능성의 장들 안에서 표현될 수 있을지언정 말이다."[81] 이때 들뢰즈가 말하는 것도 다르지 않다.

경제적인 것이 사회적 변증법 자체라고 말할 때 그는 사회의 하위 영역 가운데 하나가 경제인 것이 아니라 사회의 자기부정의 몸짓 자체가 경제임을 분명히 한다. 사회가 자신의 문제들

---

81 질 들뢰즈, 『차이와 반복』, 김상환 옮김, 민음사, 2004, 406쪽(번역은 필자가 부분적으로 수정하였다).

을 해결하기 위해 다양한 형태를 찾아낼 때, 그것은 실은 경제에 의해 사회가 스스로를 재조직하는 과정 자체라는 것이다. 그렇기 때문에 들뢰즈가 자신의 전매특허 개념이라 할 "미분적 잠재성(differential virtuality)"을 알튀세르가 말하는 구조 개념과 같은 것으로 간주하는 것은 당연한 일이다.[82] 미분적 잠재성이란 부분들의 합으로서의 전체가 아니라 각 부분들의 결합관계 자체를 가리킨다. 그렇다면 이는 경제에 의한 과잉결정이나 과소결정과 같은 방식으로 조직되는 전체(whole)를 가리키는 것이 아닐 수 없다.

---

[82] "구조는 자신의 변이성들을 상이한 사회들 안에서 구현하면서 움직이고, 또 매번 각 사회 안에서 그 현실성을 구성하는 모든 결합관계와 항들의 동시성을 고려하면서 움직인다. 바로 그렇기 때문에 고유한 의미의 '경제적인 것'은 결코 주어져있는 것이 아니다. 그것은 다만 해석을 요구하는 어떤 미분적 잠재성을 지칭하고, 이 잠재성은 언제나 자신의 현실화 형식들에 의해 이미 은폐되어 있다.", 앞의 글, 405~406쪽.

포퓰리즘이라는
수수께끼
-

경제를 이런 식으로 이해한다면 '표면은 정치이지만 본질은 경제'란 같은 말은 고쳐 읽을 필요가 있다. 결국 경제는 스스로 움직이기 위해 언제나 표면에 의지해야 한다는 것이다. 이때문에 우리는 경제적 지배계급이 곧 정치적 지배계급이 아니라는 것을 기꺼이 인정해야 한다. 경제적 모순은 그것과 무관해 보이는 정치적 당파들 사이의 갈등의 형태로 나타나는 것이다. 최근 세계 전역에서 횡행하는 포퓰리즘, 즉 무력한 노동자계급의 이해를 극단적인 정치적 우익이 대표하는 것 같아 보이는 기이한 역설을 이해하기 위해서도, 이는 중요하다.

이를테면 한국판 포퓰리즘으로 간주되는 박근혜 정권을 생각해보자. 거의 부동의 높은 지지율을 누리고 있는 현 정권은 비정상의 정상화라는 기치 하에서 이데올로기적인 선제공격을 펼쳐왔다. 코레일 민영화 이후 의료서비스의 민영화로, 다시 연금개혁으로 이어지는 행보를 통해 박근혜 정권은 공기업을 비롯하여 사회 각 부분에서 고통분담을 회피하는 기득권 수호 세력에 맞서는 정의로운 투쟁이라 강변한다. 그리고 국가는 바로 그러한 특권세력에 맞서 단호히 정의를 행사하는 권력이라 역설하다. 이는 신자유주의적 금융화가 초래한 사회적 불평등을 기득권 세력과 열심히 일하고 살아가는 평범한 보통 국민이라는 대립으로 치환하고 스스로를 기꺼이 반기득권 정권이라 선언한다.

당연히 이는 얼토당토않은 헛소리이다. 그러나 그런 주장이 먹힌다는 것은 다른 문제이다. 문제는 정치이기 때문이다. 해가 바뀌면 어김없이 돌아오는 전년 영업실적 결산에 따른 대주주 배당금 분배 기사는 기득권 세력이 누구인가를 남김없이 말해준다. 재벌 총수나 경영자들은 가만히 앉은 자리에서 배당금만으로도 각기 수십억 원씩이 넘는 돈을 챙긴다. 그러나 그런 사정을 깨닫는다 해서 크게 달라질 일이 없다는 것이다. 문제는 그런 착취적 사회관계가 어떻게 정치를 조직하는 결정의 힘을 발휘하는가이다.

공기업의 방만한 부실 경영이 일어난 실제 이유는 기업처럼 이윤을 내야 한다는 이유로 바깥 돈을 끌어들여 투기적 사업을 벌이도록 강요받고 그를 위해 끌어다 쓴 돈의 이자를 갚느라 엄청난 빚을 진 데 있다. 그런데도 우리는 진짜 적 대신에 고액 임금에 다른 이들은 꿈도 꾸지 못할 온갖 복지 혜택을 누리는 귀족 집단이라 낙인찍힌 이들을 애꿎은 공적(公敵)으로 비난한다. 그럼 진실을 알리기 위해 박근혜 정권의 기만을 폭로하고 민영화에 반대하는 투쟁을 하는 것으로 충분할까. 알다시피 우리는 그 이상 나아가지도 못하고 있고 그렇다고 그러한 투쟁이 광범한 지지를 받고 있는 것도 아니다. 이런 식으로 접근해서는 현 정권은 가진 자들의 이해를 대표하는 정권이라 규탄하며 윤리적인 분노를 조직하는 것 이상으로 나아가지 못한다.

더욱 난감한 것은 박근혜 정권이 자본가계급의 이해를 대표하기는커녕 열심히 살아가는 보통 사람들의 이해를 대표하는 듯 보인다는 점이다. 박근혜 정권은 과도한 특권을 누리는 나머지 집단에 성실히 살아가고 있는 보통 국민을 대립시킨다. 그리고 사람들은 순순히 그렇게 믿는다. 그러므로 현 정권을 비판하는 사회운동에 대한 대중의 전반적 반응은 야박하게 말하자면 짜증스럽고 성가시다는 것이다. 박근혜 정권을 포퓰리즘의 형태라고 말할 수 있다면 그것은 그것이 자본을 대표하는 것이 아니라 바로 모두를 대표한다는 점에 있을 것이다. 결국 문제는 박근혜 정권이 자본의 이해를 대표할 뿐이라는 것이 아니다. 박근혜 정권은 아마 그런 식의 비난에 크게 아랑곳하지 않을 것이다.

우리는 성실하게 묵묵히 살아가고 있는 착한 국민과 조금도 "특권을 내려놓지 않으려고" 발버둥 치며 우리에게 기생하는 사회의 공적이라는 대립을 통해 더할 나위 없이 인기를 누리는 정치권력과 마주하고 있다. 그 정치집단이 능란하게 활용하고 있는 포퓰리즘은, 정치의 실제 내용은 경제라고 말해봤자 아무

소용이 없다는 것을 보여준다. 그러나 그럴수록 우리는 경제적인 것이야말로 부재하는 원인이란 입장을 포기하지 않아야 한다. 경제는 절대 투명하게 자신의 힘을 드러내지 않는다. 그것은 언제나 자신의 내적 모순을 다른 갈등으로 탈바꿈한다. 그러므로 경제적 모순을 정치적 갈등과 분리시키는 이 간극이야말로 박근혜 정권에 대항하는 정치가 대면해야 하는 근본적인 쟁점이다. 많은 이들은 참을 수 없다는 듯이 현 정권이 그 어느 때보다 가진 자들의 권력을 거침없이 휘두르고 있다고 개탄한다. 반면 없는 자들은 그 어느 때보다 이 정권이 믿음직하고 자신을 편들어 준다고 믿는다. 이 터무니없는 낙차는 엉뚱한 것이 아니다. 그야말로 자본주의에서 정치가 작동하는 방식을 보여주기 때문이다.

경제는 물론 결국 정치를 결정한다. 그렇지만 경제가 정치로 직접 내달리는 경우는 없다. 경제는 정치가 어떤 식으로 조직될 것인가를 결정한다. 혹은 경제는 정치가 어떻게 자신을 정치로서 현실화할 것인가를 결정한다고 말해도 좋을 것이다. 그리고 포퓰리즘은 그러한 작용의 결과라 할 것이다. 그러나 포퓰리즘은 실은 정치적 분석의 무능을 말해주는 또 다른 이름이라고 불러도 좋을 것이다. 현실에서 나타나는 정치를 결정하는 그 정치, 그것을 분석할 수 없을 때 우리는 그것을 지지와 인기를 가능케 한 대중심리의 역학에서 정치의 원인을 발견하고자 한다. 포퓰리즘이라는 것을 극복하기 위해 정치의 진정한 원인인 경제적 진실을 폭로하는 것이 좋은 선택일 수 없는 것도 그때문이다. 좌파정치가 박근혜 정권이 성공적으로 집권할 수 있었던 정치적 논리를 포퓰리즘에서 찾고 이를 극복할 방편으로 그것이 은폐하는 경제적 불평등을 고발하는 것으로 충분하다고 믿을때, 실은 그것은 자본주의에서 작동하는 정치의 논리를 부정하는 것이라 할 수 있다.

경제적 이해의 대립이 정치적 입장의 대립으로 직접 번역될수 있다면 운동으로서의 정치는 굳이 필요 없을 것이다. 둘은 절대 대응하지 않고 항상 어긋나기 때문에, 정치를 정치화하는 운동이 필요한 것이리라. 오늘 우리가 직면하는 전례 없는 정치적 무능은 바로 그러한 운동으로서의 정치에 대한 무지에서 기인하는 것임에 틀림없다. 그러나 이것이 피할 수 없는 일이라고 생각할 일도 없다. 바로 이런 곤경으로부터 정치는 자신을 재발명할 수 있는 기회를 포착할 수도 있기 때문이다. 경제는 정치를 두 제곱한다. 경제는 정치의 실체도 내용도 아니다. 경제는 정치가 스스로를 만들어내도록 한다. 포퓰리즘은 바로 그런 두 제곱된 사고가 불가능할 때 불투명하게 보이기만 하는 정치를 그리기 위해 만들어낸 무력한 표상일 뿐이다.

말해질 수 있는 것과
말해질 수 없는 것
_세월호 참사 이후,
다시 생각하는 정치

1

말해질 수 있는 것과 말해질 수 없는 것이란 제목은 언뜻 언표할 수 있는 것과 없는 것을 분할하자는, 그리고 그 나눔에 관련된 어떤 윤리 – 정치적인 기준이 있는 양 말하는 것처럼 들릴 듯싶다. 랑시에르의 미학 교본에서나 나올 법한 생각을, 이 글에서 염두에 두고 있는 것은 아니다. 세월호 사태 이후 어떻게 사유할 것인가란 물음을 던지는 자리에서, 자신의 발언을 아우르기 위해 그런 제목을 택한 데에는 다른 이유가 있다. 아마 다른 이들 역시 버거워하고 또 두려워했을 법한 말 건넴을 에워싼 어떤 제약을 알리고 싶었기 때문이다. 그 제약이란 어떤 말을 하더라도 온전히 말한 것이 되지 못할 것이라는 불안, 그러나 말을 하지 않는 것은 더욱 불가능한 처지를 가리킨다. 그러므로 차라리 이렇게 말할 수 있을 것 같다. 말해질 수 있는 것과 말해질 수 없는 것을 분할하는 것 자체가 불가능하다고 말이다.

이런 어색한 말 건넴, 나아가 사유의 망설임 아니 이중구속으로부터 벗어날 수 있는 잔꾀는 계속 침묵을 지키는 것이다. 그런 탓에 나는 세월호 사태에 대해 아무런 말도 하지 않기로 결심한 적이 있다. 물론 내가 침묵한다고 해서 신경 쓸 이도 없을 것이고 실은 그건 아무런 대수도 아니다. 말해야 한다는 압력을 견디는 것보다 무슨 말을 하더라도 그것이 온전히 전달되지 않을 것이라는 의심을 견디기 더 어려울 때, 물어온 이도 없는데 아무 말도 않겠다는 터무니없이 제 혼자 선제적으로 답변하는 짓. 이 역시 오늘날 우리가 처한 윤리적 자장 속에서 말하기에 따르는 곤란에 대처하는 방법이 아닐까. 그러나 사정이 꼭 그렇지만은 않을 것이다. 주변의 벗들은 각자 하나의 가설을 만들어내면서 기꺼이 사태를 해석하는 윤리적 능동성, 그것을 하나의 사유되어야 할 과제로서 내세우는 열정을 보여주었다. 그러나 이런 태도를 나로서는 납득하기 어려웠다. 솔직히 고백하자면 나는 그것이 적잖이 퇴폐적으로 보이기까지 했다. 그 탓에 더욱더 말문을 열려다 멈칫 멈춰선 채 반쯤은 입의 문턱에 걸쳐진 말들을 엉거주춤 주워담으며 흘러나올 뻔했던 말을 회수하곤 했다.

그러므로 비망록(備忘錄)에 가까운 글쓰기가 난무하는 것도 이해할 만한 일이란 생각이 든다. 무엇보다 나에게 실은 그렇다고 자백하는 것이 옳을 일이다. 비망록이란 지금으로서는 미처 해결할 수 없는 물음을 대하면서 당장은 해결될 수 없을지라도 언젠가 해결되기를 기다리며 그를 잊지 않기 위해 기록해둔 것이다. 세월호 사태에 관하여 내가 쓸 수 있는 글은 비망록이다. 그리고 지금 내가 쓰고 있는 글도 그것이다. 여기에서 나는 몇 가지 사유해야 할 과제를 기록해두고자 한다.

2

세월호 이후를 사유한다는 것은 무엇에 대해 사유한다는 것일까. 이를 빗대어 생각해볼 만한 게 있다면 도호쿠 대지진과 후쿠시마 사태 이후 일본에서 전개된 사유의 풍경일지 모르겠다. 일본의 진보적 지식인들 가운데 일부는 "사상적 문제"로서 후쿠시마 사태를 규정하고 그를 사변화하고자 시도한다.[83] 그런데 그것이 사상적 문제라면 어째서 사상적인 문제일까. 3·11을 경유하며 더 이상 전과 같이 사유할 수 없게 되었으며 세계에 대한 새로운 사유의 노선을 발명해야 한다는 뜻일까, 아니면 자연적인 재해 혹은 사회적인 재난의 한 사례에 그치지 않고 적극적으로 사유되어야 할 문제로서 받아들여야 한다는 뜻일까. 실은 세월호 참사를 기억하고 사색하는 한국의 지적 풍경 역시 그런 식의 모습을 펼쳐 보인다. 외상, 트라우마, 애도, 파국, 재난 등의 개념들을 뒤섞으면서 그들은 세월호 참사가 "인식론적 재난의 계기"라거나 가족과 국가를 잇는 열정적 애착의 관계가

---

83 쓰루미 슌스케 외, 『사상으로서의 3·11』, 윤여일 옮김, 그린비, 2012.

탈구되어 마침내 국(國)과 가(家)가 분리되는 역사적 불귀점이라거나 하는 식으로 열띤 목소리로 발언한다. 그러나 이런 논의에 저항감을 품는 이도 없지 않은 것 같다.

최근 『인문예술잡지 F』에 실린 아즈마 히로키와 아사다 아키라의 대담은 3·11을 사상적 문제로 규정하고자 하는 아즈마와 이를 거부하는 아사다 사이의 입씨름을 보여준다. 그 자리에서 아사다는 3·11은 그저 기술공학적 혹은 사회공학적인 문제일 뿐 허풍스럽게 이를 사상적 문제로 고양시키는 것은 적절치 않다고 말한다. 그러면서도 그는 이렇게 대꾸한다.

"(……) 지진 재해를 많은 국민이 '국가적 위기'로서 받아들였죠. - 특히 수도권에서는 단순히 정전돼서 전철이 멈췄을 뿐인데도 인터넷을 보면서 집으로 가는 동안에 많은 사람이 자신도 재앙영화 주인공인 것처럼 느끼고 지진 재해를 필요 이상으로 '주체적 위기'로서 받아들인 것처럼 보인 게(거기에서 '세카이계'의 상상력을 보든 말든) 문제라면 문제일 거라고 생각합니다. 한신 이와지 대지진 재해는 지역적 재해였기에 당연하겠지만, 그 후 "힘내라 고베"라는 슬로건도, "힘내라 일본" 따위 목소리도 일체 들을 수 없었고 그것으로 괜찮았죠. 그런데 이번에는 도호쿠 지진 피해자들은 차치하고, 상당히 많은 일본인이 '일본의 위기'인 동시에 '나의 위기'인 것처럼 받아들여

버린 듯합니다."[84]

여기에서 아사다의 발언은 되새겨볼 만하다. 철학자가 3·11 같은 사태에 끼어들어 할 수 있는 일이란 거의 없으니 "잠자코 낮잠이나 잘" 일이라고 빈정거리면서도, 그는 자신이 목격한 반응을 두고 위와 같이 반응한다. 그의 발언에서 눈에 띄는 점은 그것이 주체적 위기로서 수용되었다는 것이다. 즉 객관적으로는 대단치 않은 일이지만 그것이 주관적인 면에서 위기란 점에서 위기라면 위기로 규정할 수 있겠다는 것이다. '일본의 위기'인 동시에 '나의 위기'라고 받아들여졌다는 점에서, 그는 3·11이 주체적 위기를 초래했다고 말한다. 이전의 한신 대지진 때만 해도 특정한 지역 사회의 일로 여기며 그 사태를 겪은 이들에게 격려와 지지를 보내던 일본인들이 이제는 지금의 사태는 단지 그들의 문제에 머물지 않고 우리 모두의 문제이며 나아가 나의 문제라고 새기게 되었다는 것이다. 주저 없이 수긍할 수 있는 말처럼 들리지만 그런데도 어딘가 석연치 않은 것 역시 사실이다. 그렇지만 아사다의 다소 사변적인 발언을 통해서 알게 된 후쿠시마 이후의 현실은 우리에게서도 다르지 않다.

---

[84] 아사다 아키라·아즈마 히로키, 「후쿠시마는 사상적 과제가 될 수 있는가」, 『인문예술잡지 F』, 2014, 사이, 32쪽.

"저뿐만 아니라 사람들이 각자 그런 식으로 남의 일이 아니라고 생각하는 것 같아요. 그래서 아픔이 계속해서 더 커지고 있죠. 굉장히 큰 충격 상태에서 아직 헤어나지 못하고 있죠. 범국민적으로 집단 심리치료를 받아야 할 상태까지 온 것 같아요. 이렇게 크게 아파하는 경우는 저도 본 적이 없거든요. 사람이 많이 죽었다는 것을 떠나서 이렇게 고통스러워하는 경우는요."[85]

여기저기에서 들을 수 있었고 또 우리 스스로 지척에서 들었던 이런 발언 역시 아사다가 말한 바와 크게 다르지 않다. "범국민적으로 집단 심리치료를 받아야 할 상태까지" 온 것 같은 정신적 혼란에 휩싸여 있다고 사람들은 말한다. 우리는 주관적으로 힘들다. 그렇지만 그것으로 충분하지 않다. 위에서 아사다는 그것이 주체적 위기라고 할지라도 객관적인 위기라고 볼 수는 없다는 듯이 말한다. 그는 원전문제에 관한 한 기꺼이 공산당을 지지한다면서 좌파라면 반문명적인 몽매로 치닫지 않고 냉정하게 핵에너지를 비롯한 문제를 통제할 수 있는 가능성을 추구해야 한다고 역설하기까지 한다. 지나치게 단순화시킬 위험을 무릅쓰고 말하자면 그는 설령 그것이 주관적인 위기로 새겨질지 몰라도 그것을 객관적 위기로 사고할 수 없으며 그렇게 사고

[85] 「한국이라는 나라, 희망은 있는가」, 『녹색평론』, 2014년 7 - 8월, 7쪽.

하려고 시도하는 한 그것은 반이성적인 몽매에 가깝다고 말하는 것이다. 그렇지만 그의 말처럼 주체적 위기와 객관적 위기를 그렇게 간단히 분리할 수 있는 것일까.

3

세월호 사태 역시 비슷한 질문을 들게 한다. 우리는 과적된 선박과 부실한 위기관리 등 우리가 익히 듣고 알게 된 이유들을 통해 또한 아직도 은폐된 채 진실을 기다리고 있는 많은 이유들을 마침내 밝혀냄으로써 그 끔찍한 일이 어떻게 일어나게 되었는지 알게 될 것이다. 그렇지만 장차 그렇게 된다고 할지라도 그것을 모두 알았다고 말할 수 없을 것이다. 그렇게 우리는 객관적 이유들을 수집하고 끼워 맞추어 그것의 객관적인 경과를 분별할 수 있다고 할지라도 그것이 우리에게 야기한 섬뜩하고 아득한 충격을 헤아리는 데 충분하지는 않을 것이기 때문이다. 그런 점에서 우리는 이유를 알고 있지만 실은 원인은 모른다고 말할 수 있을지도 모른다. 나는 여기에서 이유와 원인을 이렇게 간단히 구분해보고자 한다. 어느 날 회사에 다니던 엄마가 느닷없이 집으로 돌아오던 어린 딸이 차에 치여 죽었다는 소식을 전해 들었다고 치자. 그 아이의 죽음의 이유는 명백하다. 그것은 자동차가 아이를 치었다는 것이다. 그렇지만 그런 이유로 그녀는 아이의 죽음을 수용할 수 없다. 그녀는 분명 자신이 일을 그만두고 아이를 돌보았다면 그런 일은 없었을 것이라고 생각할지 모른다. 아니 그녀는 다른 무엇이 잘못되어 그 아이가 죽음에 이르렀다고 생각할 것이다.

그녀는 차에 치였다는 것이 이유임을 분명히 알지만 그것으로 모든 사태를 설명할 수 없다는 것을 확신한다. 그 집요한 확신은 원인을 찾으려는 몸짓으로 이어진다. 이로부터 우리는 이유를 항상 초과하는 원인이 있다는 것을 깨닫게 된다. 세월호 사태 역시 이와 다르지 않을 것이다. 우리는 세월호 사태가 나자마자 그것에 대한 전문가들의 수많은 분석과 진단을 듣는다. 공학적인 이유, 경제적인 이유, 행정적 시스템의 이유 등. 그러나 그것은 이 사태를 온전히 납득하게 하지 못한다. 그것은 어떤 원인과 연결됨으로써 우리에게 온전히 이해될 수 있는 사태가 되기 위해 계속 머무른다.

그러나 불행하게도 그 원인을 규정하고 제안하는 초월적인 심급을 우리는 가지고 있지 않다. 이를테면 우리에게는 더 이상 신이나 삶의 질서를 주재하는 주인은 없다. 그러므로 신의 심판이거나 운명의 시험이라는 근거를 들먹이며 우리가 겪게 된 사태를 어떤 초월적인 질서의 계기로 등록시킬 수 없다. 만약 누군가 그런 식으로 발언한다면 그것은 지극히 외설스럽고 추악한 헛소리로 들리지 않을 수 없다. 가끔 극우파 정치인이 그런 식으로 발언을 하는 것을 듣게 될 때 우리가 느끼는 역겨움도 그 때문이다. 그러나 그렇다고 그런 발언을 비합리적인 몽매에서 비롯된 헛소리로 치부할 수도 없을 것이다. 그것은 보수적이고 부정적인 방식을 통한 것이기는 하지만 나름 원인을 찾으려는 몸짓을 보여주기 때문이다. 그런 발언들은 세상의 무대에서 퇴장한 신이 여전히 무대에서 제 역을 수행하고 있다는 착각을 보여준다.

그러나 그렇게 쉽게 신이 사라졌다고, 우리의 삶을 규정하는 최종적인 질서의 원인이 부재한다고 말할 수 있을까. 이를테면 우리는 신과 같은 초월적 주인, 질서를 주재하는 절대적인 원인에 대한 믿음으로부터 충분히 벗어나 자신의 능동적인 반성을 통해 세계를 장악하고 통제할 수 있게 되었을까. 그렇지만 이유와 원인의 간극에서 항상 쩔쩔매듯이, 우리는 자신의 반성적인 사고를 초과하는 무엇을 가정하고 또 그것에 의지하고자 한다. 루카치는 『영혼과 형식』에서 신은 무대에서 퇴장했지만 여전히 객석에 머물고 있는 세계의 문학적 형식을 비극이라고 정의한 바 있다. 여기에서 그는 근대 세계가 직면한 진퇴양난의 곤경을 말한다. 먼저 신이 무대에 있을 때 세계란 신에게 완전히 종속된 채 자신의 자율적 가치를 잃고 인간은 피조물에 머문 채 자신의 자유를 상실당한다. 이때 인간은 그저 신에 의해 조종당하는 무력한 꼭두각시에 불과하다. 그러나 반대로 신이 부재한다면 어떨까. 그렇다면 우리는 세계가 스스로의 의미를 잃고 인간은 자유를 얻게 되겠지만 그것은 그저 무가치한 세계에서의 자율일 뿐이다. 신은 세계의 진리를 규정하는 원인이기 때문이다.

그렇다면 이러한 곤경에서 벗어날 방법은 무엇일까. 루카치는 여기에서 비극이 비롯된다고 말한다. 무의미하고 비참한 세계에서 인간이 진실한 세계를 창설하는 자유를 적극적으로 떠맡는다는 것이다.[86]

그러나 신이 퇴장한 세계, 신의 의지에 의해 조직된 질서가 사라진 이후, 비극은 세계의 무의미를 대체할 수 있을까. 더욱이 우리는 비극이 아무런 값어치를 갖지 못한 세상에 살고 있다. 어떤 역사학자는 아예 이렇게 노골적으로 빈정댄다. 그는 지난 수십 년간 창궐한 새로운 역사 쓰기의 추세를 회상하며 포스트모더니즘이란 것이 득세한 결과를 비극의 추락에서 찾는다. 그러면서 이렇게 말한다. "포스트모더니즘은 모더니즘이 비극 또는 비극적 효과를 미학적 성취의 가장 높은 자리에 올려놓으며 장르를 서열화한 데 대한 문제제기였다. 포스트모던 문화는 모더니즘의 기준에서 '대중적이고', '천박하며', '통속적이고', '여성적'이라는 이유로 무시당해왔던 모든 장르를 받아들였다."[87] 그의 진단을 수긍하지 않기란 어려운 일이다. 알다시피 우리는 고난과 투쟁을 통해 정의를 수립하고 평등하며 자유로

86 G. Lukacs, *Soul and Form*, Anna Bostock trans. The MIT Press, Cambridge, Massachusetts, p.154.

87 앤 커소이스 · 존 도커, 『역사, 진실에 대한 이야기의 이야기』, 김민수 옮김, 작가 정신, 2013, 298~9쪽.

운 세계를 향해 나아가는 역사가 있다는 투의 말을 들으면 대뜸 지루한 기색을 띠며 하품을 하는 시대에 살고 있다.

비극은 확실히 인기가 없다. 그리고 설명 비극이 있더라도 그 것은 멜로드라마 풍으로 바뀌어 온갖 양념을 친 채 우리에게 배 달된다. 착취와 지배에 저항하는 노동자운동의 역사보다 우리 는 어느 시대의 미시적 여성 노동사에 더 열중한다. 어쩌면 누 구도 기억하지 못할 어느 가난한 농사꾼 삼 대의 구술사에 더 호기심을 보이고, 잔악한 살인마로 알려졌던 조직폭력배의 악 행과 처형을 매력적인 알레고리로 해석하는 것에 더 끌린다, 등 등. 그것이 다양한 곳에서 나타나는 역사 쓰기의 어법이 된 데 에는 그만한 이유가 있을 것이다. 이를테면 우리는 보편적인 역 사는 없다거나 억압되거나 재현되지 않는 소수자, 타자의 목소 리가 등장한 것이라거나 역사 쓰기에서의 주관성의 복귀라거 나 하는 식의 이유를 들어 그런 역사 쓰기를 두둔하고 지지할 것이라고 상상할 수 있다.

그렇지만 그렇다고 해서 비극을 쉽게 물리칠 수 있다고 말하 기는 어려울 것이다. 서점에 가면 흔히 볼 수 있는 잡다한 오만 가지의 역사책들, 어느 책의 제목을 빌자면 『거의 모든 것의 세 계사』 같은 책을 통해 우리는 무수한 사태들이 펼쳐진 만화경 같은 세계를 마주하게 된다. 그렇지만 그렇다고 해서 그 모든 것들을 총체화하고 원인의 효과로서 그것을 배치하는 비극의 능력을 제거할 수 없다. 이미 앞서 말했듯이 우리는 항상 이유를 초과하는 원인을 은밀히 찾으려 하기 때문이다.

그렇다면 원인은 어디에 있는가. 원인은 그것을 찾는 이의 세계 밖에 숨어 있는 것이 아니라 그것을 발견하고 선언하는 주체의 편에 있을 것이다. 아니 보다 직접적으로 말하자면 정치의 편에 있을 것이다. 정치가 사회질서를 조직하고 관리하는 어떤 기술적인 조작이 아니라 잘못된 세계를 바로 잡기 위해 과거의 질서를 파괴하고 그것을 대신할 새로운 질서를 창안하는 것이라면, 정치는 언제나 원인을 찾고 그것을 찾아낸 시늉을 한다. 그런 점에서 비록 문학에 빗대어 말하고 있지만 실은 루카치의 심중에 비극의 역할을 떠맡은 것으로 짐작된 것은 정치일지도 모른다. 물론 정치는 신을 대신하지 못한다.

그럼에도 불구하고 신학 비판의 자리에서 정치가 들어섰다는 것 역시 사실일 것이다. 유사-신학적인 선언을 내놓으며 자신이 사회 자체와 완벽히 일치하는 통치를 하고 있다고 선언하며 실은 정치를 제거하는 정치를 펼치든(전체주의나 신정정치, 박정희식 군사독재 따위), 아니면 근본적인 우연성에 정치를 개방시키며 스스로 원인의 자리를 떠맡아 스스로의 예측과 희망을 역사의 질서로 만들어내도록 하는 것이든, 정치란 언제나 원인의 문제를 다루려 한다는 것을 부인하기 어려울 것이다. 그러나 이 자리에서 그것을 세심히 되짚어 볼 계제는 아닐 것이다. 그러니 일단 신이 사라진 이후에 자유를 떠맡은 주체, 자유의 심연으로서의 주체라는 널리 알려진 주장을 떠올리며, 주체

의 자유와 정치가 동일한 것일 수 있겠다는 정도를 확인하는 것
으로 만족하도록 하자. 그리고 이와 더불어 주체의 자유를 어떻
게 원인을 발견하고 제어하는 행위와 결합시킬 수 있냐는 물음
을 되풀이하고 있다는 것을 덧붙이도록 하자.[88] 그럼 원인을 더
이상 신에게서 찾을 수 없다고 한다면 우리는 어디에서 원인을

---

[88] 그러나 이는 굳이 그렇게 어려운 일도 아닐 것이다. 우리에겐 그리 멀지 않은 역
사적 기억이 있기 때문이다. 1987년의 짧은 순간을 생각해도 좋을 것이다. 학생
운동을 중심으로 한 민주화운동 세력이 주도하여 일어난 6월항쟁은 직접적인
요구였던 직선제를 쟁취함으로써 종결되지 않은 채 노동자 대파업 투쟁으로 대
표되듯이 걷잡을 수 없는 저항으로 이어졌다. 그런 점에서 자유주의자들이 6월
항쟁을 민주주의의 정상화를 위한 과정으로 고착시키려는 것과 달리 6월항쟁
이 진정으로 민주주의적 투쟁의 계기로 불릴 수 있는 것은 무엇이든 가능해 보
이는 상황을 창출했다는 점에 있다. 무엇이든 가능해 보이는 해방적 순간은 자
유주의자들이 말하는 민주주의, 즉 제도적, 법적 구성으로서의 민주주의로 환
원할 수 없다. 자신의 자유를 적극 떠맡으면서 결정과 선택을 하는 행위를 감행
하려 했다는 뜻에서 그것은 온전히 민주주의였던 것이기 때문이다. 당시 합법
적으로 대통령 후보로 출마하여 유세를 펼쳤던 민중후보 백기완의 선거강령은
이런 것이었다. "1. 노동자와 민중이 주도하는 민주정부를 수립한다. 민중주도
민주정부는 노동자와 민중의 대표들로 구성되는 민중대표자회의를 최고 권력
기관으로 한다. 2. 독점재벌을 몰수, 해체하고, 기간산업을 국유화하며, 노동자
자주관리를 구현한다. 3. 민중주도 민주정부는 남북 민중이 참여하는 연방제 통
일을 실현한다." 물론 이는 지금으로써는 거의 상상도 할 수 없는 요구이다. 78
대재벌의 재산을 몰수하고 사회주의적 혼합경제를 채택한다는 식의 미친 요구
를 오늘날 제기한다면 그는 분명 미치광이 소리를 들을 것이다. 어느새 그것은
불가능한 것이 되었기 때문이다. 그런 점에서 요즈음 피케티 효과를 두고 큰 충
격을 받은 양 호들갑을 떠는 풍경은 실은 그래 봤자 아무것도 달라지고 가능한
것이 없다는 튼튼한 믿음이 뒤켠에 버티고 있는 탓이라고 말할 수 있지 않을까.

발견하여야 할까. 과학적 이성을 통해 이유로 알려진 것들을 발견하고 그것을 제어하는 일로는 충분하지 않다는 것을 우리는 알고 있다. 이유를 초과하는 원인을 애타게 찾으려 할 때 우리는 재난과 불행을 그저 과학 다큐멘터리의 초연한 목소리가 말하듯이 정연한 객관적 세계의 규칙과 질서로 환원할 수 없음을 잘 알고 있다. 원인의 자리는 제거할 수 없는 과잉으로서 여전히 남기 때문이다. 알다시피 이는 사회적인 것과 정치적인 것의 관계를 둘러싼 우리 시대의 논쟁의 무대가 되기도 한다. 사회를 관리하는 일이 정치라면 우리는 굳이 정치를 필요로 하지 않을 것이기 때문이다. 그것은 그에 관해 정통하고 해박한 전문가에게 맡기면 될 일이다. 그런데도 사회에 관한 과학적 지식 따위는 전혀 없는 모르는 심지어는 아무 배운 것도 없는 누군가가 기꺼이 투사이자 정치가가 될 수 있는 것은 정치가 사회적인 것 이상의 문제를 다루기 때문이다. 앞서 한 말을 되풀이하자면 정치는 원인을 처리하는 것이고, 그것은 누구에게나 열려 있는 일이다.

4

그렇지만 이에 대한 다른 주장 역시 잠시 참고할 수 있을 것이다. 과잉으로서의 원인은 근대 세계에서 제거하고 저항할 수 없는 것으로 숙명처럼 불가피한 것이기에 기꺼이 이를 인정할 수 있다. 그렇지만 인간의 무제한적인 자유가 주어졌다는 사실은 정반대의 결과를 나을 수도 있다. 우리가 이미 보아왔듯이 그러한 자유가 거꾸로 자신의 자유를 산산 조각낼 수 있는 파국을 초래할 수 있는 것이다. 인간이 정의를 비롯한 온갖 아름다운 이념적 원인의 이름으로 저지른 악행을 생각해보라. 그러므로 우리는 이러한 자유의 사용에 따르는 폐해를 겸허히 인정하고 그런 자유의 과도한 사용을 억제하고 냉정한 실용적 태도를 살아가야 한다, 운운. 그러므로 우리는 자신이 원인이 되어 새로운 세계를 창설한다는 미명 하에 폭주하곤 하는 이성을 감시하고 그것이 방종하지 않도록 전력을 다하는 데 만족해야 할지 모른다.

그러나 그런 식으로 말하는 것은 우리가 지금 목격하는 현실과 너무나 어긋난다. 앞서 보았듯이 우리에게는 객관성 없는 세계, 즉 우리에게 나타나는 바 대로의 세계, 아사다가 말한 대로라면 주체화되기만 할 뿐 그것을 어떻게 조정하고 지배할지 모르는 세계가 주어져 있는 듯이 보인다. 그럴 때 우리는 새로운 윤리적 용기를 서로에게 촉구하며 손길을 내민다. 믿을 것은 바로 우리 자신일 뿐이라는 것, 우리 내부에서 비롯되는 공감과 연민의 몸짓에 의탁하는 것을 빼면 우리에게 주어진 선택은 없다는 서글픈 주장들이 우리 주변에서 맴돈다. 세계를 선택하고 결정하는 정치를 대신하여 세계 없는 자들이 서로의 윤리적인 공감이라는 둥지 속으로 숨어든다.

그러나 그런 윤리적인 유혹은 세계를 변형할 수 없다는, 세계를 부정할 수 없다는 체념을 순순히 수락한다는 것에서 문제이기만 한 것은 아니다. 그러한 비순응적 순응이라는 몸짓은 사회의 외부, 세계의 바깥에서 윤리적인 공동체를 만들어낸다고 상상함으로써 객관적 세계로부터 떠날 수 있다고 순진하게 믿는다. 그렇지만 그런 윤리적 주체를 상정하는 것 자체가 물신화이다. 세계란 언제나 주체를 통해 매개된 채 존재한다. 그것은 나의 의식적 반성의 효과로서만 세계는 있을 뿐이라는, 흔한 말로 모든 실재는 담론적인 실재일 뿐이라는 요즈막의 포스트구조주의적 상식을 말하는 것이 아니다. 오직 담론적으로 매개된 현실이 있을 뿐 세계 그 자체는 없다는 말은 주체의 외부에 세계가 놓여있다는 흔한 이분법을 되풀이하면서 둘이 매개되어 있음을 무시한다. 둘이 매개되어 있다는 말은 객체 안에 존재하는 주체의 차원 혹은 그 역을 가리킨다고 말할 수 있다.

이런 식의 생각은 자본주의 비판에서도 흔하게 찾아볼 수 있다. 예를 들어 우리가 만들어낸 것은 우리 자신의 것이어야 한다고 주장하며 자본주의하에서의 노동의 소외를 비판하는 것, 노동생산물의 가치가 그것에 투입된 노동의 가치와 일치하도록 노동증권을 발행함으로써 착취를 극복할 수 있다는 프루동식의 발상은 상품의 형이상학에 대한 오해로부터 비롯된다. 상품이라고 말할 때 이는 그저 인간이 만들어낸 노동생산물이라고 말하는 것과는 엄연히 다르다. 마르크스는 자본주의적 상품생산은 "사회적으로 필요한 노동시간"이라는 것을 통해 규정된다고 말한다. 이것이 가리키는 바는 흔히 생각하는 것처럼 노동이란 활동이 객관화될 때 그것의 가치는 그저 사회의 평균적 노동시간이라는 척도를 통해 규정된다고 말하는 것은 아니다. 내가 자신의 노동을 추상적인 것으로 대할 때, 그것은 이미 나의 열정과 의지, 노고가 들어간 노동이라고 아무리 상상한다고 해도 다시 말해 아무리 주관적인 것이라고 철석같이 믿어도 그것은 이미 객관적인 것에 의해 매개되었다는 것이다. 그러므로 사회적으로 필요한 노동시간은 각 상품에 포함된 가치의 크기를 측정하거나 증명하기 위해 도입된 것이 아닌 것이다. 가치의 원천이 노동이라고 말한다면 이는 아직 리카르도주의자에 머물러 있다는 말이자 부르주아 (고전)정치경제학을 넘어서지 못했다는 말이다.

마르크스가 의기양양하게 말하듯이 사회적으로 필요한 노동시간에서 그가 덧붙인 "사회적으로 필요한"이라는 부가적인 규정은 보다 객관적으로 정밀해지려는 의도에서 덧붙여진 것이 아니다. 한 상품의 가치는 그 상품에 투여된 사회 전체의 평균 노동시간이라고 말함으로써 자의적인 가치 규정을 피하려 덧붙여진 말이 아니라는 것이다. 이는 거창하게 말하면 존재론적 함축을 갖는다. 상품이라는 형태로 노동생산물이 존재하게 되는 한 노동은 이중화된다. 즉 구체적인 노동과 추상적인 노동으로 모순적인 규정을 갖게 된다. 자본가는 당연 추상적 노동에 관심을 갖는다. 그가 보는 것은 노동자가 땀 흘려 일하는 구체적인 일이 아니다. 그는 오직 직접적으로 지각할 수도 체험할 수도 없는 노동을 볼 뿐이다. 그렇기에 내가 상품을 더 많이 생산함으로써 이윤을 얻고 더 많은 임금을 받을 수 있다는 자본가/노동자 편에서의 물신주의가 나오는 것이다.

사회적으로 필요한 노동시간은 추가적인 잉여가치를 얻기 위한 맹목적인 주관적 충동을 말하는 것이다. 그것은 얼마만큼의 주어진 시간을 가리키는 것이 아니라 그것을 계속해서 줄이려는 불가항력적인 운동 그 자체이다. 따라서 일한 만큼이란 말은 어불성설인 것이다. 마르크스가 상품을 두고 그것의 '유령적 대상성(spectral objectivity)'이란 것을 말할 때, 그는 전적으로 객관적인 것도 아니면서 주관적인 것도 아닌, 마르크스 자신의 말을 빌자면 감각적이면서도 초감각적인 것으로서의 주체 – 대상을 말하는 것이었다. 그것은 노동이라는 합목적적인 주체의 활동의 소산 즉 사물이면서도 주체를 끊임없이 충동질하는 욕망이기도 한 셈이다. 이럴 때 우리는 객관적으로 매개된 주체 혹은 주관적으로 매개된 객체라고 말할 수 있을 것이다.

아니 보다 강하게 말하자면 존재가 주체에 의해 매개된 것으로서만 존재한다는 말은 주체의 능동성이 아니라 대상의 능동성이란 역설을 가리키는 것으로 고쳐 읽어볼 수 있다. 지젝이 어느 글에서 간지럼을 타는 주체(ticklish subject)라고 말한 바처럼 주체는 대상에 의해 간지럽혀진다.[89] 주체의 전환은 대상

---

[89] 슬라보예 지젝, 『까다로운 주체』, 이성민 옮김, 도서출판 b, 2005.

을 다른 방식으로 규정하고자 하는 것이고 그렇게 부정 즉 규정을 통해 재인식된 대상은 주체로 하여금 전과 같은 방식으로 대하지 못하게끔 이끈다. 이를테면 우리는 더 이상 조국의 발전을 위해 땀 흘려 일하는 산업역군이 아니라 한 줌의 배부른 가진 자들을 위해 일하는 노동자일 뿐이라고 주체적 위치의 전환을 하게 될 때 실제 바뀌는 것은 주체 이상으로 세계이다. 세계는 다른 좌표 위에 배치되고 노동자들은 그에 적극적으로 뛰어들라는 요청을 쏟아낸다. 그의 눈에는 모든 것이 달리 보이고 세계는 자신이 적극적으로 부정해야 할 대상으로 나타나기 시작한다. 이것이 지젝식으로 말해 새롭게 상징화된 대상 세계를 통해 간지럼을 타는 주체가 만들어진다는 셈이다. 즉 주체는 짐작과 달리 지극히 수동적일지도 모른다. 그렇지만 우리는 세계를 괄호친 채 적극적으로 윤리적 주체가 되어 세계의 바깥으로 달아나는 능동성을 연기한다.

5

"파국을 진리의 원천으로 비극적으로 갈망해서는 안 된다. '결과'를 형이상학적으로 무시하거나, '예외'를 바로크적으로 즐겨서도 안 된다."[90] 어느 글에서 모레티는 이렇게 말한다. 위기

90 프랑코 모레티, 『공포의 변증법』, 조형준 옮김, 새물결, 2014, 364쪽.

혹은 파국을 진리가 스스로 계시하는 순간으로 바라보려는 충동에 대하여 내리는 경고이다. 이는 파국을 다시 옹호하는 이들과 견주면 너무나 소심한 반응이라 여길 수도 있다. 그렇지만 이와 유사한 발언을 하는 보들레르의 말을 상기하면 조금 더 선명한 인상을 얻을 수 있을지도 모른다.

"하나의 거리, 하나의 화재, 하나의 교통사고는 사회적 계급으로 정의되지 않는, 그저 사람으로서의 사람들을 집합시킨다. 그들은 구체적인 집합에 참여하고 있지만 자신들의 사적 이해의 국면에 사로잡혀있다는 점에서 사회적으로는 여전히 추상적이다. 자신들의 사적 이해관계 속에서 '공통의 물건'을 중심으로 시장에 모여드는 고객이 그들의 모델이다. 이들 집합은 흔히 통계적 실제밖에는 지나지 않는다."[91]

보들레르의 문장들을 읽으면서 그간 우리가 겪었던 일련의 사태들과 그에 대한 반응들을 상기할 수 있지 않을까. 거의 타성이 되다시피 한 윤리적 능동성이란 규범을 생각해보도록 하

---

[91] 발터 벤야민, 「보들레르의 작품에 나타난 제2제정기의 파리」, 『보들레르의 작품에 나타난 제2제정기의 파리, 보들레르의 몇 가지 모티프에 관하여 외』, 김영옥, 황현산 옮김, 길, 118쪽.

자. 이는 거의 참기 어려울 만큼 "참여하라, 참여하라, 그것이 너의 윤리적인 의무이다"라고 다그치는 무언의 압력을 말한다. '촛불 시위' 이후 우리는 '조직 없는 다중'으로서 어떤 위계와 권위적인 지침 없는 자유로운 윤리적 주체로서, 모든 사태에 적극적으로 윤리적으로 참여하도록 독려받아왔다. 광화문이거나 대한문 앞이거나 밀양이거나 강정마을이거나 아니면 두리반 칼국숫집이거나 마리 카페이거나 그 모든 곳에서 우리는 끊임없이 극적인 윤리적 열정을 가지고 참여하여야 할 순간들이 있다고 통지를 받는다. 그러나 그 자리에 모이는 다중은 추상적인 세계를 상대할 뿐이다. 그리고 각각의 사태는 모두 동등한 보편적 대의를 위해 헌신해야 할 무엇으로서 상징화된다. 게다가 그런 사태는 너무나 많고 무엇 하나 해결되지 않은 채 다음에 오는 화려한(?) 사태에 자리를 넘겨준다. 이는 실은 너무 퇴폐적으로 보이지 않는가. 파국의 시학을 열정적으로 발언하는 철학자나 시인의 말을 들으면 나는 솔직히 우리 시대의 윤리적 데카당스를 보는 듯한 느낌이 든다.

그러한 하나하나의 사태들은 지극히 추상적인 주관적 윤리를 요청할 뿐이다. 그것은 해결해야 할 사태의 총체 속에 등록되지 않는다. 그러므로 그것은 세계를 부정하는 몸짓인 척하지만 부정으로부터 수축된 더 심하게 말하자면 부정이 불가능하다는 것을 말해주는 행위처럼 보일 지경이 된다. 그렇게 우리는 팽목항에서 밀양으로 다시 어딘가로 희망버스를 타고 떠난 벗과 동지들에게 미안하고 착잡할 뿐이다. 어느 순간이나 '운동' 은 너무 많고 너무 강하지만 그것은 또한 너무 적고 너무 유약하다. 세계 없는 세계에서 우리는 자신을 경악시키는 주관적인 충격의 연속으로서의 세계, 윤리적 파국의 이미지로 전환된 세계를 가질 뿐인 상태에 이르렀다고 한다면, 이는 결코 가볍게 여길 일은 아닐 것이다.

나는 쌍용자동차 사태를 비롯한 중요한 사태에 개입하는 담론이 "외상후 증후군"과 같은 것으로 나타나는 것에 놀라곤 한다. 그것은 고통을 겪는 심리적인 개인을 전면에 내세울 뿐 그들을 투쟁 속에 있던 집단적인 사회적 주체 혹은 계급으로서 재현하지 못한다는 점에서 불쾌한 일이다. 그러나 그보다 더 실망스러운 것은 그것이 정치와 윤리의 관계를 왜곡한다는 점이다. 여기에서 내가 말하는 정치의 윤리란 부정 혹은 투쟁을 주체화하는 것이 곧 부정/투쟁의 대상을 규정하는 것과 분리될 수 없음을 말하는 것이다. 이는 흔히 정치의 윤리화라고 말할 때의 그것과는 다른 것이다. 나는 그것을 정치의 도덕화라고 불러야 옳다고 본다. 정치를 도덕화한다는 것은 정치를 도덕적인 규범의 문제로 환원하고, 물질적이고 사회적인 관계를 변화시키는 것이 아니라 '우리'는 세계에 어떤 책임이 있으며 어떻게 그것을 감당할 것인가로 묻는다는 것을 뜻할 것이다. 즉 그것은 세계 없는 주체의 자폐적인 반성을 가리킬 뿐이다.

반면 정치의 윤리화란 부정하는 주체를 규정하는 일은 부정하는 대상을 규정하는 일과 다르지 않다는 것을 뜻한다. 이때 주체화란 곧 객관화이고 헤겔식 어법을 빌어 말하자면 주체는 실체인 것이다.

그러므로 우리는 파국의 시학이라 부를 수 있을 만한 것, 사상적 문제로서의 세월호, 주관적 문제로서의 세월호라는 판단에서 벗어나 주관적이면서도 '동시에' 객관적 문제로서의 세월호라는 문제에 이르러야 한다. 여기에서 말하는 객관적 문제로서의 세월호란 다양한 객관적인 기술적, 공학적, 행정적 등의 이유에 의해 초래된 불행한 사고로서의 세월호를 가리키는 것이 아니다. 그것은 언제나 주관적인 것이 삽입된 것으로서 이미 말한 대로라면 주관적인 것에 의해 매개된 것으로서의 세월호일 것이다.

6

그로부터 이제 우리는 국가란 문제로 옮겨갈 수 있게 된다. 국가는 앞서 말한 문제를 결합하는 차원으로 나타나기 때문이다.

> "흐느낌 사이로 돌림노래처럼 애국가가 불려지는 동안, 악절과 악절들이 부딪치며 생기는 미묘한 불협화음에 너는 숨죽여 귀를 기울였다. 그렇게 하면 나라란 게 무엇인지 이해해낼 수 있을 것처럼."[92]

한강의 소설 『소년이 온다』에서 우리는 이런 구절을 마주하게 된다. 그리고 오늘 우리가 듣게 되는 국가란 무엇인가란 신음과 탄식을 떠올리게 된다.

　다시 국가란 무엇인가란 물음을 던지는 이들이 넘쳐난다. 어느 시사주간지가 세월호 사태 이후 제호로 삼았던 말처럼 "이것이 국가인가"를 묻는 질문이 폭발한다는 것은, 일견 가늠이 되면서도 납득하기 어려운 노릇이다. 먼저 가장적인 국가, 모든 삶의 문제를 해결하고 돌보는 목자와도 같은 국가를 상상하는 것이 아니라면 그것은 너무나 가볍게 신자유주의 비판의 상투적 수사에 편승한다.

　신자유주의 비판은 국가의 퇴각 혹은 국가의 안전으로부터의 철수라는 흔한 주장을 되풀이하는 편이다. 안전(security)을 방기한 국가, 그 대신에 공안과 형벌의 기능에만 유능한 국가를 고발하며 경찰 국가, 호러 국가, 비–국가, 숫제 국가 없는 세계라는 투의 비난이 세월호 사태를 둘러싸고 계속해서 꼬리를 문다. 그렇지만 이러한 (신자유주의적) 국가 비판이 현재 처한 문제를 사변화하는 무대가 될 수 있을지 의문이다. 그렇다면 국가를 다시 불러들이자는 것인가. 해방적 정치는 그런 방식으로 정치에 관한 사유의 노선을 구성하려는 시도를 분명히 거부해야 한다고 생각한다.

---

92 한강, 『소년이 온다』, 창비, 18쪽.

이런 주장에 내포된 두 번째 문제는 그것이 충분히 신자유주의적 국가에 대하여 비판적이지 않다는 점이다. 푸코식으로 말해 주권적 국가로부터 안전기구의 메커니즘으로 전화한 국가는 더 이상 정의나 공공선과 관련이 없다. '사회국가'라고 말하는 복지국가란 안전으로 알려진 일련의 '(사회) 문제'들을 해결하기 위해 고안된 다양한 지식, 장치, 제도, 법률의 복합체일 뿐이다. 따라서 사회국가란 처음부터 일반의지나 공공선을 강제하는 국가가 아니라 가능한 한 적게 통치하는 국가, 변화하는 사실의 세계에 따라 자신의 통치의 내용과 형태를 조정하는 국가였다.

이런 점에서 국가의 쇠퇴나 몰락은 자유주의의 시점 속에 이미 예정되어 있다. 국가는 정의라는 윤리적 시좌 속에 있는 것이 아니라 냉소적인 사실의 지평 위에서 자신의 무능과 실패를 가늠하고 조정한다. 박근혜 정권의 국가개조론이 말하는 국가장치의 비효율, 비능률이란 발언을 허튼 기만이라고 조롱할 필요는 없을 것이다. 그 말은 진지하고 계산된 것이며 자신의 이념에 충실한 것이다. 얼마나 효율적이고 능률적으로 작동하는지 현실에 비추어 통치를 개선하고 개량하는 것이 자유주의의 국가이기 때문이다. 그러므로 국가의 퇴각과 축소는 사실의 편에서는 옳은 선택이고 바람직한 선택이다. 그러므로 자유주의를 비판하지 않고 신자유주의의 폐해만을 비판하는 것은 신자유주의를 호락호락하게 여기는 것이다. 신자유주의는 자유주의의 타락한 버전이 아니라 개선된 판본이다.

그러나 더욱 놀라운 점은 이것이 국가인가라고 말하며 경악하는 이들에게서 국가가 사회적 총체성을 직접적으로 대의할 수 있으며 또 그러해야 한다는 환상을 발견한다는 데 있다. 이런 환상은 지금은 인기 없는 주장이지만 여전히 고수할 가치가 있는 계급국가란 인식을 단숨에 날려버린다. 계급국가란 개념이 국가란 결국 지배계급의 국가이거나 계급지배의 도구임을 가리킨다고 해서 나는 굳이 크게 틀린 것이라고 말해야 할지 모르겠다.

하비 같은 이가 말하는 것처럼 지배계급은 더 이상 우회하여 자신의 정치적 대표자에게 정치를 위임하는 것이 아니라 지배계급의 위원회로서 스스로 국가를 인수하고 관리한다. 그러나 계급국가란 개념의 요점은 정치란 근본적으로 당파적이란 것에 있을 것이다. 그것은 정치란 부분들의 총화로서의 전체를 대표하는 것이 아니라 상징적으로 총체화 할 수 없는 적대 혹은 분열을 억압하거나 그것을 치환하는 영속적인 과정일 뿐임을 말하는 것이다.

예를 들어 보나파르티즘이나 군사독재는 정치의 예외적인 형태인 것이 아니라 본원적이고 정상적인 형태의 정치라고 말할 수 있을 것이다. 당연히 이때 놓치지 말아야 할 점은 사회 위에 선 정치가 아니라 정치에 의한 사회적인 것의 설립이라는 것이다. 사회란 것이 국가가 관리하고 통치해야 할 주어진 사실의 세계라고 생각할 때 우리는 정치와 사회의 관계를 표상의 문제로 환원한다. 그리고 국가는 사회적 총체성을 대의하는 공공선으로서 상상된다. 이는 놀라운 퇴행이라 하지 않을 수 없다.

이는 앞서 말한 바 있는 오직 객체 없는 주체, 세계로부터 물러난 채 트라우마·애도·재난·파국 등의 이름으로 자신의 주체적 위기를 반성하는 주체가 번성할 수밖에 없는 이유를 짐작케 한다. 국가는 정의, 공공선, 안녕의 윤리적 이상을 떠맡는 주체로서 격상된다. 그리고 이는 우리가 직면한 갈등적인 사태를 국가 비판이라는 형식 속으로 운반한다. 이는 실은 어처구니없는 역설을 보여준다. 우리는 금융 위기 이후 세계를 뒤덮은 자본주의적 위기를 목격하고 있다. 우리는 그것을 말 그대로 재현불가능한 숭고처럼 바라보는 듯하다. 그것이 주체화되기 어려운 한계를 가리키는 양 말이다. 반면 우리는 재난, 참사, 외상적 위기를 겪게 하는 사태들에 매혹당하고 열중한다. 그리고 거기에서 자신이 겪은 분노와 우울, 고통을 호소한다. 마치 모두가 현상학자인 것처럼 나에게 나타나는 바 대로의 세계 너머의 세계는 없는 것처럼 말이다. 그렇다면 이 둘을 어떻게 좁힐 것인가. 아니 앞서 말한 대로 '매개'할 것인가. 그리고 자유의 대가로서 세계의 무의미함을 받아들이는 것이 아니라 그 자유를, 세계의 원인을 확정하고 그것을 지배하는 자유로 끌어올릴 수 있을까. 그것은 영어에서 원인(cause)을 가리키는 낱말의 또 다른 말뜻인 대의(cause)를 구축하는 것, 그리고 이를 통해 자신을 정치적으로 주체화하는 것이지 않을 수 없다. 계급투쟁은 계급 간의 투쟁이 아니라 계급을 만들어내는 것이란 말을 따른다면, 다시 말해 새로운 대립의 배치를 만들어냄으로써 세계를 존재적으로 전환하면서 동시에 새롭게 주관화하는 것이라는 주장을 좇자면, 우리는 세월호 사태란 없다고 기꺼이 말해야 한다. 이것이 어떻게 원인과 연결되어 있는지 물어보도록 하는 기회가 아니라 그 원인과 대면하는 것을 회피하도록 한다면, 즉 자본주의적 적대와의 대면을 회피하도록 하는 구실이 된다면, 우리는 고작 비극 없는 멜로드라마의 세계에서 배회하고 말 것이다.

코다(coda)_ 낮잠 자는 변증법

"모순은 희망이다."[1]

우리는 아침마다 눈을 뜨면 신문과 TV 그리고 인터넷에서 오늘의 불행을 탄식하는 서정시를 듣는다. '휴먼다큐'란 희한한 장르의 볼거리는 불행을 꾸며주는 따뜻하고 심지어는 서정적이기까지 한 잔재주를 부리며 불행이라는 것을 안온하고 나른한 감상의 대상으로 꾸며 놓는다. 이는 그로테스크하다 못해 역하다는 기분까지 들게 한다. 비참함은 쓰라린 것, 차마 듣고 보기 어려운 것, 만류하고 싶은 것이 아니라 적절한 감정적 기대를 가지고 느긋이 감상할 수 있는 대상이 되었다. 가장 불쾌한 것은 불행한 이들이 자신의 불행을 바로잡고자 대들거나 싸우는 것은 불행의 축에 끼지 못한다는 것이다. 우리는 수동적인 불행, 피해자의 모습으로 나타나는 불행, 심기를 불편하게 만드는 고발·비난·규탄·호소·투쟁의 흔적은 말끔히 표백된 불행,

---

1 B. 브레히트, 『브레히트는 이렇게 말했다』, 마성일 편역, 책읽는오두막, 2014, 316쪽.

잠시의 감상적인 연민을 통해 쾌적하게 소비되고 곧 휘발되어 버려야 하는 불행을 매일 한 꾸러미씩 선물 받고 태연자약 즐긴다.

이러한 불행의 경연(競演)은 진보적 저널리즘에서도 예외가 아니다. 르포르타주와 같은 장르는 더 이상 위선적인 세계가 은폐하고 있던 거짓의 증거로서 불행을 폭로하지 않는다. 폭로는 한 번으로 족한 것이다. 그다음에 일어나야 할 것은 바로 그러한 폭로를 통해 깨닫게 된 세계를 향해 어떻게 대처하여야 할 것인지 토론하고 투쟁을 조직하는 일이다. 그러나 진보적인 체하는 언론 역시 불행을 폭로하는 일에 분주하다. 그리고 그를 듣고 읽는 독자로서의 우리는 천연덕스럽게 마치 다음 순서를 기다리며 대기하고 있는 불행을 기다리며 연민을 준비한다. 이는 피해자는 있었지만 투사는 없는 세계가 보여주는 도착적인 초상일 것이다. 어쩌면 이는 윤리적인 허무주의가 취할 수 있는 극단적인 모습 가운데 하나일 것이다. 더불어 이는 정치적 노선과 상관없이 모두에게 나타난다. 좌파나 우파나 모두 불행이라는 세상의 기후(氣候)를 즐긴다. 그리고 반대편에는 긍정의 공리주의(utilitarianism)가 극성을 부린다.

그렇다면 근본적인 전환을 통해 세계를 다른 방식으로 조직하는 일이 불가능한 것이기에 우리가 할 수 있는 일은 모든 방면에서 실용적인 대안을 추구하고 가능한 변화를 모색하는 데 있다는 정반대 편에 있는 긍정의 감정에 몸을 떠는 생각은 어떨까. 알다시피 우리는 이런 생각을 기꺼이 받아들인 지 오래다. 그리고 우리는 지금 여기에서 실현할 수 있는 행복을 위하여 숱한 조언, 대안, 처방에 시달린다. 이를테면 우리는 맘만 먹으면 성생활의 쾌락을 극대화하고 매력적인 모습으로 외모를 바꾸고 수명을 한계 없이 연장할 수 있는 세계에 살고 있다. 세계 곳곳에서 가져온 가장 맛난 식재료와 음식들 역시 돈만 있다면 실컷 먹을 수 있다. 마우스를 클릭하거나 홈쇼핑의 자동 주문 리모컨 버튼만 누르면 낙원과도 같은 휴양지에서 휴가를 보낼 수 있다.

우리는 행복을 위하여 못할 것이 없다. 단, 돈만 있다면 말이다. 그러므로 뭐든지 할 수 있지만 실은 돈이 없어 아무것도 할 수 없는, 상품과 쾌락의 만신전(萬神殿)은 휘황하게 눈앞에 펼쳐져 있는데 일자리도 없고 호주머니에 가진 것이라고는 아무것도 없는 젊은 세대들이 있다. 그들이 가진 재산이라면 고작해야 2년 약정으로 빚을 내어 산 휴대전화 한 대 정도가 있을 것이다. 그리고 한 가지 더 추가한다면 과거의 프롤레타리아가 가졌다는 '쇠사슬' 대신 그들에게 유일하게 허용된 소유물, '증오'가 있을 것이다.

지금 우리가 살고 있는 세계에는 자본과 노동의 적대적 모순을 상징화하고자 이뤄졌던 시도들, 자본가 대 노동자라거나 소유계급과 무산계급, 자본의 지배와 스스로의 지배로부터 소외된 자들 등으로 이어지는 변증법적 대립의 사슬은 제거된 것처

럼 보인다. 프랑스의 라캉주의 정신분석학자 뒤푸르는 최근 어
느 책에서 '신자유주의적 인간학(neoliberal anthropology)'을 분
석하며 계급투쟁은 없고 오직 투쟁만이 있는 세계(대개 아무런
요구 없는 무의미한 분규, 아무런 이유 없는 살인, 다양한 대상
에 대한 중독 등으로 이어지는)라 부를 법한 것을 파헤친다. 그
글에서 그는 한때 부르주아 계급의 특권처럼 보이는 특징들, 일
로부터 면제되고 여가를 누리는 등의 삶을 살아가는 계급 아닌
계급으로서의 젊은이들을 마주하게 되었다고 역설한다.[2]

비록 그들은 간헐적으로 일자리를 얻지만 그로부터 자신의
정체성을 형성하고 자신의 삶에 관한 이야기를 구성하던 과거
의 노동자들과는 판이하게 다르다. 그들은 단지 그들을 하나의
집단 혹은 철학적으로 말하여 주체화할 수 있는 어떤 정체성도
갖지 못한 비생산적인 소비자 인구집단으로 살아가는 것처럼
보인다.

그들 사이의 사회적 교류를 가능케 하고 누군가와 더불어 살
수 있다는 느낌을 갖게 도와주는 것은 카카오톡이니 페이스북
이니 트위터니 하는 '소셜(social)' 미디어뿐일 것이다. 소셜미디
어가 지닌 커뮤니케이션의 잠재력을 침 튀기며 칭찬하는 주장
들이 강조하는 그것의 '사회성(sociality)'이란 단지 덧없는 일시

---

2 D-R. Dufour, *The Art of Shrinking Heads: On the New Servitude of the Liberated in the Age of Total Capitalism*, D. Macey trans. Cambridge: Polity Press, 2013.

적인 사교일 뿐이다. 그것은 기껏해야 내일이면 사라질 지금의 공감, 흐릿한 감정이입을 만들고 거품처럼 꺼지고 만다. 그 사회성을 통해 조합을 만들고 협회를 창립하고 상조회를 조직하는 등과 같이 단체를 만들어낼 수는 없다. 여기에서 단체라고 말할 때 나는 헤겔이 말하는 것과 같은 단체(cooperative)를 염두에 둔다.[3]

헤겔은 『법철학』에서 무산자와 자본가의 대립은 빈곤을 초래하고 이로 인해 '천민(Pöbels, rabble)'이 생겨난다고 관찰하며, 이렇게 말한다.

> "빈곤 그 자체가 사람을 천민화하지 않는다. 천민은 빈곤에 결부된 마음의 자세에 따라, 즉 부자나 사회 또는 정부 등에 대한 내심으로부터의 분노 여하에 따라 비로소 그렇게 규정된다. 게다가 이런 마음가짐을 갖게 되면 인간은 우연에만 의존하게 되고 경박해지며 노동을 기피하게 되는데, 이를테면 나폴리의 걸인이 그런 경우이다. 이

---

3 헤겔의 『법철학』의 우리말 번역에서는 직능단체라고 번역한다. 그렇지만 이를 굳이 직능단체로 번역하지 않아도 좋을 것이다. 협력을 통해 공동의 목표를 도모하는 근대적인 형태의 모임이라는 뜻에서 코포라티브(cooperative)를 '단체'라고 불러도 무방할 뿐만 아니라 훗날 직능단체를 넘어 다양하게 형성되는 그러한 결사체들을 망라하는 이름으로서는 '단체'란 말이 더 나을 것으로 생각되기 때문이다.

렇게 되면 천민에게는 자신의 노동을 통하여 스스로 생계를 꾸려나간다는 데 대한 자부심은 없이 생활비를 얻어 쓰는 일이 스스로의 권리인 양 이를 요구하는 악습이 생겨난다."[4]

'나폴리의 걸인'. 이들은 훗날 룸펜-프롤레타리아라고 불리게 될 이들의 화신일 것이다. 그리고 그들은 이제 세계 어디에서나 볼 수 있는 무력하고 추상적인 부정에 휩싸인 젊은 세대의 모습으로 나타난다. 그렇지만 헤겔은 근대 부르주아 사회의 모순의 효과, "빈곤의 과잉과 천민의 출현"[5]이라는 부정성을 해결하는 수단으로서 단체를 제시한다. 이때의 단체란 노동조합이나 협동조합, 상조회 같은 집단적으로 조직화된 형식을 가리키는 것으로 그치지 않는다. 헤겔이 단체라고 말할 때 그것은 무엇보다 '인륜적인 토대'로서의 그것이다.

그렇다면 왜 단체가 인륜적인 토대라는 것일까. 헤겔을 읽어본 이라면 잘 알고 있듯이, 그가 생각하는 인륜이란 느끼고 생각하는 주체의 편에서의 정신적 과정을 가리키는 것이 아니다. 그가 말하는 것은 '객관적인' 윤리로서의 인륜이기 때문이다. 우리는 어떤 집단과 스스로 동일시하며 그 모임이 지닌 객

4 G.W.F. 헤겔, 『법철학』, 임석진 옮김, 한길사, 2008, 429쪽.
5 앞의 글, 430쪽.

관적인 절차나 규칙을 수행할 때 부지불식간에 어떤 윤리적 태도에 따라 움직이는 자신을 발견하기 일쑤이다. 그런 점에서 헤겔이 말하는 인륜은 죄책감을 느끼거나 명예롭다는 느낌을 갖는 주체의 내면적 상태를 가리키는 것도 아니고 그렇다고 복장, 말투, 의례, 습속, 공간의 형태 같은 객관적 사실의 편에서 본 것도 아니다. 둘은 동시에 발생하고 동일한 차원에 있는 것이다. 이를테면 우리가 엄숙하게 꾸며진 장례식장에서 사랑하던 누군가의 죽음을 애도하는 추도사를 들을 때 굳이 내면적으로 반성하지 않아도 애틋한 슬픔에 휩싸이는 것과 같다. 그러나 이는 장례식 같은 단순한 의례에 국한되지 않는다. 그가 말하는 직업적 생활로부터 만들어지는 단체는 자신을 계급적인 주체로 조직하는 단체를 가리키는 것에 다름 아니기 때문이다. 이를테면 헤겔이 말하는 단체란 노동조합과 같은 조직, 그리고 그런 조직을 통해 스스로를 주체화함으로써 만들어지는 계급적인 문화 혹은 '계급의식' 같은 것을 가리키기 때문이다.[6]

그렇다면 인륜과 단체가 어떤 관계에 있는지 살펴볼 수 있는

---

6 알튀세르는 계급의식이란 말을 누구보다 혐오했던 이로 알려져 있다. 그가 곧잘 말하고는 했던 것처럼 계급의식이라는 개념은 인간주의적 이데올로기를 투사하여 계급을 주체로서 가정하고 계급에게 특유한 의식이 있다고 가정하는 것이다. 그러나 그를 좇아 계급이란 언제나 계급투쟁을 통해 만들어지는 효과일 뿐이라는 점을 십분 인정한다고 해서 계급의식을 손쉽게 부정할 수 있는 것은 아니다. 프롤레타리아라는 계급이기 때문에 자생적으로 그러한 계급의식을 갖

실마리를 얻게 된다. 헤겔이 살던 시대로부터 멀어진 지금 우리는 단체를 여러 가지 모습으로 확장해 볼 수 있다. 그것은 (자유민주주의적인 대의제에 영합하는 것은 아닐) 정당이 될 수도 있고 새로운 형태의 투사들의 조직일 수도 있다. 우리는 다양한 역사적 모습으로 존재했던 그런 단체들을 알고 있고, 그것이 미래에 취할 형태 역시 다양할 것이라 예상할 수 있다. 그러나 그것이 무엇이든 단체를 조직한다는 것은 단지 힘을 모으고 조직하며 투쟁을 감행하며 성원을 교육하고 단련시키며 또 필요한 기금을 조성하는 일 등에 국한되지 않는다. 스스로를 단체로서 조직화한다는 것은 이미 세계의 모순을 다른 방식으로 주관화하면서 동시에 객관화하는 것이다. 조직된 노동자계급이 서 있을 때, 그것은 단순히 주체의 편에서의 전환이 아니라 객관적인 현실에서의 전환을 초래한다. 노동자계급이 조직화되어 자신을 새롭게 주체화할 때 자본은 전과 같은 방식으로 생산방식을 조직할 수 없고, 이윤을 착취할 수 없으며, 국가를 지배할 수

6 는다고 말하는 것은 분명 얼토당토않은 주장이다. 그렇지만 주체가 아니기 때문에 혹은 주체로서 자신을 구성하는 것이 항상 좌절되기 때문에 특수한 자기의식의 형태로서 자신을 체험하려 한다는 것, 달리 말해 자신을 자유로운 주체로 구성하기 위해 단체(노동조합이나 당 등)를 조직하고 그로부터 계급의식을 체험하게 된다고 말하는 것은 그릇된 것이 아니다. 그러므로 계급의식이란 어떤 계급적 주체의 투명한 자기의식이기는커녕 그러한 자기의식의 불가능성을 해결하려는 시도 속에서 나타나게 된 자기의식의 현상(학)이라고 부를 수 있을 것이다.

없으며……, 등등이다. 다시 말해 자본주의는 더 이상 전과 같은 방식으로 굴러가지 않는다. 주체의 편에서 단체로 조직된 주체로의 전환이 이뤄지자마자 나타나는 일은 주체의 각성이 아니라 현실 자체가 새로운 세계로 바뀌는 것이다.

물론 이는 세계는 결국 보는 이의 관점에 달려있었다는 식의 이야기를 말하는 것이 아니다. 그것은 무력한 낭만적 부정을 가리킬 따름이다. 느낌의 공동체니 기억, 애도의 공동체니 하는 말들은 우리 시대의 윤리 – 정치적 유행어구들일 것이다. 그런 몸짓은 '세계 없는' 주체의 편에서 이뤄지는 낭만적인 부정을 가리킨다. 그리고 그것은 현실적 부정을 회피한다. 현실적 부정 혹은 변증법적 부정이란 객관적인 세계를 주관적인 의지와 계획에 따라 변화시키는 것이 아니다. 변증법적 부정이란 객관적인 것에 항시 주관적인 것이 연루되어 있고 또 그 역이기도 하다는 점을 시야에서 놓치지 않는다는 것을 가리킨다.

흔히 유물론적으로 사고한다는 것은 주체의 의식이란 자기 앞에 놓인 세계의 반영이라 여기는 것으로 간주되고는 한다. 그러나 그런 발상은 유물론이라기보다는 소박한 경험적 사실주의에 가까운 것이다. 유물론적으로 생각한다는 것은 객관적인 세계는 주관적인 의식으로 결코 투명하게 반영될 수 없다는 것, 그리고 그러한 반영을 방해하고 좌절시키는 것이 무엇인지를 규명하는 것이라고 말할 수 있다. 모순적인 세계란 주체의 의식 속에 반영되는 사실의 세계가 불가능하다는 말에 다름 아니다.

모순이란 그런 점에서 이중적이다. 그것은 주체가 세계를 투명하게 반영하지 못하도록 가로막는 요인임과 더불어 주체가 자신을 주체화하지 못하도록 하는 한계라고 말할 수 있다.

누구나 자유롭다고 말하는 세계에서 노동자계급을 비롯한 인민은 자신을 그러한 주체로서 체험하기란 불가능하다. 그들은 자유롭고 평등한 주체로 스스로를 주체화하지 못한다. 그들은 단지 자본가나 임금노동자로 자신을 동일시함으로써만 가까스로 객관적인 세계에 참여할 수 있다. 마르크스가 자본의 삼위일체 공식이란 것을 통해 고발한 것처럼, 자본을 통해 기업가적 이윤을, 토지로부터 지대를, 노동을 통해 임금을 얻는다는 물신주의적 환영을 통해서만 우리는 자본주의라는 객관적 사실의 세계에 입장할 수 있다. 그리고 그것을 통해서만 세계는 우리가 알고 있던 바 대로의 세계로서 나타난다.

그 탓에 지금은 더 이상 인기 없는 개념들로 전락한 물신화와 소외란 말을 손쉽게 쓰레기통에 처박아버릴 수 없는 것이다. 프롤레타리아의 자기 소외란 개념이 자본의 적대적 모순으로 인해 자신을 영원히 주체화할 수 없게 됨을 가리키는 것이 아니라면 무슨 말이겠는가. 물신주의란 개념이 상품, 화폐, 자본, 이윤, 지대, 임금이라는 환상을 통해서만 자본주의라는 장치가 순조롭게 운행할 수 있다는 것을 가리키는 것이 아니라면 무슨 말이겠는가. 그러므로 자본주의에 대한 객관적 분석은 그것을 모순 없는 세계로 나타나도록 하는 주관성에 대한 분석과 다르지 않다. 마르크스가 생전 출간한 『자본』의 첫 번째 권에서 '물신주의'에 대한 장을 그토록 공들여 다시 쓰고 다듬으려 했던 것도 그 때문일 것이다.

그러므로 애도와 기억, 느낌 등의 아름다운 개념으로 조직된 공동체는 부정의 정치를 조직하는 힘을 갖지 못한다. 부정이란 나를 괴롭히고 힘들게 만드는 세계를 거부하는 것이 아니라 세계가 나에게 왜 그러한 방식으로 나타나는지를 반성하는 것이다. 그것은 기독교 신자들이 회심이나 개종이라고 부르는 절차와 같은 어떤 것을 감행하는 것이다. 즉 세상이 그렇게 굴러갔던 것은 내가 세계를 그런 식으로 응시했던 탓이라는 것을 깨닫는 것이다. 그러므로 기독교를 택한 이후에 세상은 전연 다른 방식으로 나에게 나타나는 것처럼 우리는 스스로를 바꾸어야 한다. 모순적으로 사고한다는 것은 바로 그런 것이다. 세계를 모순으로서 바라본다는 것은 세계의 악이라든가 고통을 발견하고 그것을 비난하는 일이 아니다. 그것은 자신을 자유로운 주체로서 만들어내지 못하도록 만드는 힘을 원망하고 한탄하는 것이 아니라 그렇게 하도록 만드는 세계를 탐색하고 추궁하는 것이다.

앞서 말했듯이 우리는 최악의 세계에 살고 있다는 무력한 허무주의와 최선의 세계에 살고 있다는 긍정적인 능동주의 사이를 오락가락한다. 최악의 세계와 최선의 세계를 변증법적인 부정의 관계 속에서 매개할 수 있는 가능성은 희박한 것처럼 보인다. 변증법이 긴 낮잠에 빠져 있는 것이다. 그렇다면 낮잠 자는 변증법을 깨워야 한다.

　　"잘 알려진 한 구절에서 마르크스는 우리에게 불가능한 일을 할 것을, 즉 이 발전을 긍정적이면서 동시에 부정적으로 생각할 것을, 다른 말로 하면 누가 보아도 해악한 자본주의의 특징들과 자본주의의 독특한 해방적 역동성을 하나의 사고 속에 동시에 어느 쪽 판단도 희석시키지 않고 다룰 수 있는 사고의 형태를 가지기를 강력하게 주장하고 있다. 어떻게 해서든지 우리의 사고 능력이 자본주의가 인류에게 생긴 최선의 것이자 동시에 최악의 것이라는 것을 이해할 수 있는 수준에 이를 것을 요청하는 것이다."[7]

프레드릭 제임슨은 '후기자본주의의 문화 논리'란 조건 아래에서 자본주의를 비판한다는 것이 직면한 어려움을 깊게 사색한 드문 마르크스주의자 가운데 하나이다. '향수(nostalgia)로 대체된 역사', '비판적 거리의 소멸', '안과 밖을 분간할 수 없는 쇼핑몰화 된 세계의 공간감' 등, 그가 열거한 조건들은 자본주

7　프레드릭 제임슨, 「포스트모더니즘－후기자본주의의 문화논리」, 『포스트모더니즘론』, 정정호, 강내희 편, 터, 1990, 191~2쪽.

의 비판이 처한 곤경을 밝혀준다. 그렇지만 그는 인용한 글에서 그런 곤경을 자본주의의 해방적 역동성으로 기꺼이 인정하면서 그것을 부정적으로 사유할 수 있는 능력을 가질 것을 요청한다. 말하자면 최선과 최악의 것을 함께 사고하고 그것을 변증법적인 모순의 관계 속에서 인식할 것을 주문한다. 그 역시 잠에서 깨어난 변증법을 찾는 것이다.

변증법? 변증법적 사고? 그렇다면 이제 우리는 다시 실제적인 싸움이 벌어지는 현장에서 벗어나 지루한 철학 공부를 시작하고 머릿속에서 사물과 사태의 연관을 사색하는 일에 탐닉해야 한다는 말인가. 당연 그래도 좋고 또 그러하기도 해야 할 것이다. 그러나 여기에서 멈추지 않아야 한다. 진정으로 변증법적으로 사고한다는 것은 브레히트가 말한 것처럼 다음과 같은 것이기 때문이다.

"세상을 바꿀 수 있는 것은 세상의 모순 때문이다. 모든 일과 사물과 사람에는 그것들을 지금의 상태로 만드는 무언가가 있고, 동시에 다르게 만드는 무언가가 있다. 왜냐면 그것들은 발전해나가고 머물러 있지 않으며 못 알아볼 정도로 변한다. 지금 있는 것들 안에는 '아무도 모르게' 다른 것, 그 이전의 것, 현재에 적대적인 것들을 품고 있기 때문이다."[8]

브레히트는 '모순은 희망'이라고 말한다. 모순이 난관이나 절망이기는커녕 희망인 이유를 그는 말한다. 우리가 경험 속에서 관찰할 수 있는 사실의 세계에는 모순이란 없다. 쉼 없이 변화하고 달라지는 세계, 발전하고 변화하는 세계는 모순과 아무런 상관이 없다. 외려 모순은 그런 변화와 발전에도 불구하고 끈질기게 되돌아오는 것, 모든 눈부신 변화와 발전을 비웃기라도 하듯이 그것을 가능케 했던 무엇, 브레히트의 말을 빌자면 "지금의 상태로 만드는 무언가"를 일컫는다. 그리고 지금까지 우리는 이를 자본주의의 적대라고 칭했고 또한 정치가 자리하여야 할 장소라고 말했다.

　지금 우리는 최선이면서 동시에 최악인 듯 '보이는' 세계에 살고 있다. 최선인 듯 보이는 세계와 최악인 듯 보이는 세계를 조율할 수 있는 방법은 없다. 극과 극은 결국 통한다는 싸구려 지혜로 이런 배리(背理)를 설명하여 봤자 그것은 자신의 무지를 은폐하는 짓에 불과하다. 서로를 배척하는 두 가지의 시선을 조정할 수 있는 방편은 없다. 최선이거나 최악일 수밖에 없는, 서로 전연 다르게 현상하는 것처럼 보이는 세계를 보는 관점을 통합하는 방편을 찾으려면 그것을 발명하는 수밖에 없다. 그러한 관점은 저절로 나타나지 않는다. 그것은 오늘날 가장 무관심한 것으로 전락한 정치를 되살려 냄으로써만 얻을 수 있다. 지

---

8 B. 브레히트, 앞의 글, 340쪽.

금까지 나는 그런 변증법의 가능성을 정치에서 발견할 수 있어야 한다고 말하고자 했다. 내게 있어 정치란 그런 변증법적 부정의 다른 이름이다. 모쪼록 그것이 글을 읽은 이들에게 전해지길 바랄 뿐이다.

서동진徐東振

계원디자인예술대학교 융합예술학과 조교수로 재직하고 있다.
연세대학교 사회학과 박사과정을 졸업했다. 저서로 『자유의 의
지, 자기계발의 의지』(2009), 『디자인 멜랑콜리아』(2009) 등이
있고, 역서로 『섹슈얼리티: 성의 정치』(1999) 등이 있다. 「전진
하는 미학: 사회와 정치 그리고 예술의 동요」(2012), 「알튀세르
와 푸코의 부재하는 대화: 정치적 유물론의 분기」(2011) 등 다
수의 논문을 발표했다. 경제와 문화의 관계에 관심을 두고, 정
치적인 것과 사회적인 것의 관계를 연구한다.